나의

유기동물
애정기

나의

유기동물
애정기

―

김현진
에세이

루아크

들어가는 말

      이 책에서 당신이 만날 수 있는 동물들은 내가 2000년대 초반에서 2010년 즈음까지 연을 맺은 친구들이다. 그리고 이 글은 그때부터 최근까지 쓴 것들이다.

      동물을 소재로 한 책은 아마도 밝고 맑고 발랄해야 하겠건만, 중간 중간 쓰라리고 아픈 글들이 있어 당신의 마음을 어둡게 할지도 모른다. 만약 그랬다면 천하에 가장 어려운 일 중 하나인, 나의 슬픔을 나눠 가져준 당신께 감히 깊은 감사의 말씀을 올린다. 책으로 엮어낼 수 있으리라 생각할 수 없었던 글들을 귀여운 개 발자국이 찍힌 책으로 엮어준 천경호 대표에게도 감사를 전한다. 또한 이 책 제목을 '개줍일기'라고 권한 안대평 씨에게도, 차마 그 제목으로 하지는 못했지만 오랫동안 나를 지켜봐준 도움의 손길에 고개 숙여 감사의 뜻을 보낸다. 장수미, 정병선 부부에게 변함없는 사랑을 전한다.

독자 여러분의 손에 이 책을 보내며 부디 인간에게 '사랑 특공대'로 온 모든 동물의 안녕을 빈다. 당신 곁에 있는 동물 친구들이 더할 수 없이 행복하기를. 동물 친구의 추억이 있다면 언제까지나 그 기억이 바래지 않고 늘 빛나고 화사하기를.

김현진

차례

들어가는 말	...005
개의 탄생	...011
세상에 미운 개는 없다	...013
눈치 보지 않아 사랑스런, 유기견 '검둥이'	...015
"예쁘다, 예쁘다" 하면 진짜 예쁘다	...019
'개 친구' 가고 '새 친구' 왔다	...023
뚱순아, 또 집 나오지 마라	...027
팍팍한 삶에 웃음 안겨주는 멍멍이들	...031
귀엽거나 무섭거나	...035
개도 사람도 '바둑이'가 좋아	...039
깃털 달린 고양이 새끼	...043
삶의 사소한 잔편치들	...047
고독하게 혹은 독하게	...051
똥개들의 천적, 신자유주의	...055

비정규 멍멍이 이야기	...059
리영희 선생의 '워리' 이야기	...063
사람이 개보다 나은 게 뭔데?	...067
구제불능 개 사랑	...071
아빠1	...073
아빠2	...077
아빠3	...081
나를 잡아줘, 샛별이처럼	...085
노블레스 오블리주견, 루이 필립	...089
당신의 반려견은 어떤 성격?	...093
너 아니면 울지도 못할 뻔했어	...099
강아지 산파	...105
개엄마와 냥집사의 DJP 연합	...109

줄리아노	...115
그리운 고양이 친구야, 잘 살고 있니	...121
관심종자가 개를 사랑하는 이유	...127
살아 있는 것만으로도 '터프도그'	...131
둥이 이야기1	...137
둥이 이야기2	...143
둥이 이야기3	...147
유기견과 옷	...151
까메오	...153
쓸쓸한 투쟁 현장의 든든한 '연대견'	...155
약한 이들끼리는 서로 얼굴만 봐도 흥겹다	...161
사랑을 모르던 나, 동물에게서 배웠다	...167

개의 탄생

왜 개를 비롯한 반려동물들은 인간을 그토록 사랑하는 걸까. 이런 의심을 품는 것도 당연한 것이, 나를 비롯한 인간은 실패한 피조물이기 때문이다. 인간은 모든 것을 망친다. 우리를 만든 창조주도 어쩌면 완벽한 존재는 아닐 것이다. 그래서인지 창조주는 우리에게 너무 많은 힘을 주어버렸다.

나는 간혹 창조주가 개를 만드는 순간을 상상해보곤 한다. 늑대 중에서도 덩치가 크고, 건강하고, 무엇보다 참을성 많은 종자를 따로 떼어내 인간이라는 잔혹한 존재에게 던지는 창조주를. 그는 침통한 얼굴로 말한다. '내가 너희를 늑대 입 속으로 보내고 있구나!'

'개'라고 이름 붙은 이들은 세상에서 가장 천진하면서도 가장 잔혹한 생물의 반려 임무를 맡게 된다. 그리고 이들은 각자의 임무를 수행하기 위해 헤어진다. 창조주는 꼬리를 흔들며 제 갈 곳으로 달려가는 이들을 향해 가냘픈 축복의 말을 건넨다. "아이들아, 무슨 일이 있어도 사랑을, 용서를, 그리고 다시 한 번, 무슨 일이 있어도, 용기를." 그렇게 개는 인간의 곁으로 왔다.

세 상 에
미 운 개 는 없 다

세상에 미운 개는 없다. 이 개는 이래서 예쁘고 저 개는 저래서 예쁘다. 사람은 이래서 밉고 저래서 밉던데, 개를 향한 심미안이 사람에게도 향한다면 행복할 것이다!

눈치 보지 않아 사랑스런,
유기견 '검둥이'

짖는 개는 물지 않는다는 속담이 있는데 개 수십 마리를 겪어본 경험에 따르면 정말 그렇다. 짖는 놈은 깡깡대며 신경질만 내지 차마 물지 못한다. 무는 놈은 짖는다거나 하는 쓸데없는 동작 없이 덥석 물어버린다. 그동안 돌보았던 녀석 중에 검둥이란 놈이 딱 그랬다.

휴가철에 해수욕장에 놀러 온 사람이 버리고 간 이 녀석은 푸들이지만 푸들이 지닌 깜찍하고 사랑스러운 점은 그다지 없다. 그래서인지 나이도 먹을 만큼 먹은 이 녀석을 주저 없이 버리고 갔을 것이다. 물론 그들은 결코 개를 '버렸다'고 생각하지 않는다. 조용한 시골에 자유롭게 '풀어주었다'라고 말한다. 그런 사람들을 보면 공기 좋고 물 좋은, 깎아지른 절벽으로 둘러싸여 경치도 좋은 입산금지

구역이나 자연환경이 잘 보존된 비무장지대 같은 곳에 자유롭게 풀어주고 싶은 마음이 굴뚝같다. 어쨌거나 요즘은 워낙 유기견이 많아 한 달이던 안락사 유예기간이 열흘로 줄었다. 그 와중에 안락사 위기를 두 번이나 넘기고 우리 집에 굴러들어온 이 녀석은 5킬로그램에 육박하는 커다란 덩치에 팔다리와 주둥이가 희한하게 길었다. 눈이 조그마한 것까진 괜찮은데 눈과 눈 사이가 구만리다. 나이를 대여섯이나 먹어서인지 아저씨 개답게 유들유들하고, 푸들 주제에 동네 건달처럼 껄렁껄렁한 데가 있다.

    손, 앉아, 일어서, 엎드려 정도를 할 수 있는데, 내가 가르친 건 아니고 주웠을 당시 이미 기능이 입력되어 있었다. 신기해서 가끔 시켜보는데 별로 잘 알아듣는 것 같지는 않다. 자기에게 시키는 게 뭔지 헷갈리면 그냥 찍는다. 아무거나 걸려라, 하는 얼굴을 하고 앞발도 내밀었다가 주섬주섬 앉아도 보았다가 일어나도 보았다가 풀썩 엎드리기도 하면서 음주운전으로 걸린 아저씨가 경찰에게 대충 봐달라고 할 때 지을 듯한 표정으로 이쪽을 간절히 쳐다본다. 말을 할 수만 있었다면 이렇게 말했을 것만 같다. '어이, 거 대강 봐주슈, 이거 아뉴? 에이, 좋은 게 좋은 거지. 보쇼, 우리 편하게 삽시다.'

그래도 이 개가 참 사랑스러웠던 이유는 보통 유기견들이 지닌 서글픈 특징이 없어서다. 애견센터나 동물병원에서 간택되어 큰돈 주고 구입해 애지중지 길러진 개는 세상이 자기를 중심으로 돌아간다고 생각한다. 이 녀석들은 자신이 사랑받는 게 당연하다고 여긴다. 하지만 한 번 버림받은 개는 세상이 자기를 중심으로 돌아가지 않는다는 것을 잘 안다. 타의로 거리에 나서게 된 개들은 아무리 오랜 시간이 지나도 표정에 어떤 절박함이 있다. '또 나를 내치려나' 하고 주눅 들어 눈치를 보는 버릇을 좀처럼 버리지 못한다. 하지만 검둥이는 안락사 위기에서 몇 번을 도주해놓고도 그런 기색이 없다. 여러 번 버려졌는데도 또다시

누군가를 사랑할 수 있다는 게 이 못생긴 개의
특별함이다. "손" 하고 말했더니 털썩 엎드리며 '대강
이걸로 봐주슈' 하는 듯한 그 표정에 저절로 웃음이
난다. 그래, 잘했어, 잘했어, 검둥아. 너 참 대단해.
잘했어.

"예쁘다, 예쁘다" 하면 진짜 예쁘다

강아지 같은 사람은 고양이를 좋아하고 고양이 같은 사람은 강아지를 좋아하는 것 같다. 그러니까 나는 고양이 같은 사람이다. 강아지 같은 사람은 어딘가 강아지의 긍정적 속성을 죄다 가지고 있는 것 같다. 이를테면 성서의 〈고린도전서〉 13장처럼 "사랑은 오래 참고, 사랑은 온유하며 시기하지 아니하며…." 뭐, 이런 식의 품성을 지닌 이가 강아지 같은 사람이다.

나 같은 고양이 인간은 정확히 그 반대의 못된 품성을 죄다 지녔다. 별로 참지 못하고, 쉽게 노하고…. 그렇게 들고양이처럼 내키는 대로 살아왔다. 그리하여 변함없이 사람을 반기는 강아지를 보면 마음이 녹아 이토록 끌리는지도 모르겠다.

어쨌거나 개들도 나를 좋아하는데 그 비결은
별다른 게 없고 그냥 "예쁘다, 예쁘다"라고만 말하면
된다. 그러면 모든 개가 꼬리를 흔들며 기뻐한다.
정말 못생겼건 예쁘건 크건 작건 더럽건 깨끗하건
내게는 모든 개가 예뻐 보이니 어려운 일은 아니다.
재미있는 건 그 말에 아이들도 반응한다는 사실이다.
언젠가 동물원에서 물소를 보고 "예쁘다, 예쁘다"
하니 물소마저 꼬리를 흔들며 다가왔다! 이 말이 잘
통하지 않는 건 오직 인간 어른뿐이다.

새벽 아르바이트에 이어 오후에도 일을 한 적이
있는데 그야말로 요즘은 보기 드문 '다방' 일이었다.
그 건물을 관리하는 어르신은 화를 잘 냈다. 처음
일을 시작한 날부터 밖에 놓인 화분을 치우라며
소리를 지르기에 "아직 안 죽었는데요…" 하고
말끝을 흐리자 "그렇게 이 화분이 좋으면 니 집에나
가져가서 키우라"고 윽박을 질렀다. 성질 같으면 당장
덤벼들고도 남았겠지만 새해 목표를 '성질 죽이기'로
정하고 커다랗게 써놓았으니 어쩔 수 없이 "예, 예"

하고 흘려들었다.

    그렇게 매일 트집 잡으러 오는 영감님 때문에 깜빡 죽어지내다가 어느 날 카푸치노를 한 잔 듬뿍 탔다. "날씨 쌀쌀한데 드세요"라고 쪽지에 적어 경비실에 살짝 놔뒀는데 조금 있다가 빈 잔을 주러 오시면서 "아가씨, 뭘 이런 걸 다" 하며 활짝 웃으시니 완전히 다른 사람이었다. 간혹 살짝 갖다놓은 라떼도, 녹즙도 영감님은 얼른 비웠다. 그 뒤로 무거운 택배가 오면 들어주시기까지 했다.

    그렇지. '예쁘다, 예쁘다'가 사람에게 안 통하는 게 아니라 내가 지금까지 써보지 않은 거였다. 살아 있는 건 개든 애든 어른이든 다 사느라 가엾고 사랑스럽고 예쁜 거였는데, 그걸 여태 모르고.

'개 친구' 가고
'새 친구' 왔다

　　수많은 개를 돌보면서 입양을 보낸 경우도
간혹 있었지만, 대개 '종자'가 뚜렷하거나 예쁘거나 어린
개가 아니면 거의 불가능했다. 그중에서도 흰둥이와
검둥이는 절대 입양될 거라고 기대하지 않았다. 두
녀석 다 3~4년을 함께 지내면서 누군가 원할 외모의
개가 아니란 걸 잘 알았기 때문이다. 흰둥이는 작고
가벼운 소형견이지만 귀엽다기보다는 애처로운 용모의
소유자였고, 개 주제에 메뚜기 같은 구석이 있었다.

　　진공청소기를 켜기만 하면 전기안마기처럼
부들부들 떠는 녀석은 '간이 생기다 말았나' 싶어
보는 사람이 절로 한숨이 나올 정도였다. 검둥이
녀석은 성격이야 타의 추종을 불허할 만큼 좋지만
워낙 무던한 사나이 개인데다 일고여덟 살을
넘기니 명실공이 중년이었다. 유들유들한 아저씨

개는 작고 어리고 아무것도 모르는 강아지만
귀여움받는 세상에서 택함받을 수 있는 존재가
아닌 듯했다. 그런데 난데없이 흰둥이 녀석이 엄마와
동사무소에서 함께 탁구를 치는 아주머니의 마당
있는 집으로 입양되어 온갖 귀여움을 받으며 살게
되는 기적이 일어나더니, 곧이어 개를 좋아하는
초등학생 꼬마가 있는 집에서도 입양을 원했다.
함부로 짖지도 않고 화장실에 용변을 보는 훈련이
되어 있는 검둥이가 적격이었다. 교회 창고를
개조해 사느라 패널로 막은 엉성한 화장실이 있는
집에서는 검둥이의 이런 중산층 스타일의 재주가
빛을 발할 날이 없었다. 유들유들한 검둥이는 꼬마의
친구가 되어 즐겁게 떠나갔다. 그 특유의 느긋함에
마음이 고단한 날이면 검둥이 목에 뺨을 대고
외로움이라든가 서러움이라든가 각종 너저분한
감정을 삭혀왔는데, 정든 개가 다른 집에 가서
사랑받는 일은 반갑지만 왠지 마음이 허했다.
　그렇게 개 네 마리가 순식간에 두 마리로

줄고 나니 집이 조용할 줄 알았는데, 그렇게 해서 집이 평화로워질 줄 알았는데, 그럴 리 없었다. '개' 친구가 가니 '새' 친구가 왔다. 반려견으로 모자라 이제는 반려조다. 이 반려조도 반려조가 되려다 수없이 반려당한 역사를 가진 '반품 전문조'다. 지난겨울부터 집 근처 마트 애완동물 코너에서 삑삑 울던 이 앵무새는 일생을 '반품 전문조'로 살아왔다. 멍멍 짖고 삑삑 울면서 투덜거리는 개나 새나 사람이나 죄다 불량품만 우리 집에 모인 듯했다. 못난 것들끼리는 역시 바로 알아본다. 그렇게 얼굴만 봐도 흥겹고 정겨웠다. 아, 못난이들.

뚱순아,
또 집 나오지 마라

키우던 개를 다른 집에 보내면 섭섭지
않느냐고 묻곤 하는데 전혀 그렇지 않다. 하나도
섭섭하지 않다. 지하실 단칸방의 세 식구 사는 집을
졸업하고, 초등학생 딸아이가 귀여워 죽고 못 살 만큼
예뻐하는 집에 여덟 살 중년 검둥이가 가고, 이마에
'잡종'이라고 쓰인 흰둥이는 쉬지 않고 놀아주는 남자
아이 둘이 있는 집에서 듬뿍 예쁨받고 산다는데, 이걸
섭섭해하면 내가 죄받을 것이다. 흰둥이는 워낙 있는
듯 없는 듯해서 좀 덜했지만 살아 있다는 것, 살고
있다는 의지를 언제나 온몸으로 보여주던 검둥이가
없는 자리는 물론 좀 컸다. 그렇지만 이 장사 하루이틀
하나, 개 주워다 노심초사 입양시키는 짓을 하도 여러 번
했더니 일일이 마음 아파했다간 마음이 닳아 없어지고
말 것이다. 그럼에도 그때마다 일일이 마음 아파하는 건

내 모자람이다.

그래서 엄마는 길을 갈 때 땅을 보지 말고 허공만 보고 다니라 했다. 군식구 늘릴 수는 없으니 길에 돈이 떨어져 있어도 그냥 지나칠 각오로 다녔는데, 아뿔싸, 웬 강아지가 차에 치이려다 가게로 기어들었다가 다시 쫓겨나는 게 보였다. 어디를 굴러다녔는지 배와 다리에 온통 흙이 자글자글했다. 말이 강아지지 덩치는 웬만한 진돗개와 같고 둥글둥글한 얼굴과 발이 아니나 다를까 앞으로 크게 될 성싶었다. 목걸이는 하고 있는데 연락처는 적혀 있지 않고, '언니, 나 힘들어' 하는 얼굴로 계속 올려다보기에 어쩔 수 없이 안아 올렸는데 벽돌이 들었는지 엄청 무거웠다. 7킬로그램은 족히 되겠다 싶었다.

이럴 때는 근처 동물병원에 물어보는 게 수다. "혹시 얘 아세요?" 하자 애견 미용사 아가씨는 "어머 장래가 촉망되는 사이즈네" 한다. 이런 애들이야말로 절대 입양되지 않는 바로 그런 개다.

짐끈을 주워 묶어줘도 도무지 걸으려 하지 않고
계속 어리광을 부리며 치대기만 하는 바람에 별수
없이 안아 올리고는 끙끙대며 동물병원을 돌며 한두
시간을 헤맸을까. 어떤 아저씨가 갑자기 "뚱순아!"
하고 부른다. 설마 날 부르는 건 아니겠지 싶어 움찔
돌아보니 아저씨는 "뚱순이 너 언제 나갔어!" 하고
야단친다. 어쩐지 팔이 떨어져나갈 것 같더라니, 역시
뚱순이였다. 반기는 아저씨에게 뚱순이를 건네고
어깨를 주무른다. '고 녀석 참 무겁네, 크게 되겠어,
잘 살아라…' 엄마에게 말했더니 "큰일 날 뻔했다!"
한다. 십 년 감수했다. 뚱순아, 또 집 나오지 마라.

지금 우리 엄마 떨고 있단다.

팍팍한 삶에
웃음 안겨주는 멍멍이들

우리 집 밥 말리 아저씨, 그러니까 아빠는 돈을 안 벌어오는 치명적인 단점이 있지만 누가 뭐래도 마음 착한 미남이다. 아빠는 개도 고양이도 다 좋아해서 골목에서 고양이가 새끼를 낳았다며 매일 뭔가를 가져다주러 간다. 지난번에는 친구들과 족발을 먹다 좀 남아서 구차하게 싸왔는데 고양이 가족 준다며 얼른 들고 나가셨다. 열 살 넘은 할아범 개 두 마리는 몹시 억울한 표정이었지만, 아빠는 "니들은 노동도 안 하는데 매일매일 정규 사료 급여 보장되잖아" 하면서 개들 눈을 억지로 피한다. "아빠, 족발 어디로 가져가는 거야?" 하고 물으니 엄마는 "고양이 식구들 오늘 잔치다" 하고 깔깔 웃는다. 족발은 뼈만 깨끗이 남아 있어서 아빠는 매우 기뻐했지만 얼마 뒤 고양이 식구들이 구역을 옮겨버려 아빠를 다소 상심시켰다.

"잡혀간 건 아니겠지" 하면서 근심하는 아빠는 이럴 때 참 귀여워서 '그래, 돈 못 벌더라도 자식 돈 뜯어 매일 술 마시고 마누라 때리는 사람도 있는데 뭐' 싶어 너그러워진다.

새벽에 일하러 나가다보니 할아버지 한 분이 날뛰는 슈나우저와 산책하고 계셨다. "어머, 너무 귀엽다" 하니 개는 신나서 펄펄 뛰고 할아버지는 "나는 바보예요! 나는 바보예요!" 하며 개의 말을 통역하는 바람에 아침 댓바람부터 웃었다. 어제는 '몰티우저'를 봤다. 몰티즈와 슈나우저가 주인 몰래 연애해서 태어난 이 꼬마 녀석은 몸통은 슈나우저의 검정 색인데 유독 가슴만 새하얗게 비단 같은 몰티즈 털이다. 눈은 슈나우저 눈인데 주둥이는 몰티즈다. 앙앙 덤벼드는 꼬마 녀석과 좀 놀아주다 뒤돌아보니 녀석이 잔디를 물어뜯는 바람에 목줄을 쥔 아줌마가 "너, 풀 먹지 마!" 하고 잔소리한다. 녀석은 그러거나 말거나 앙앙 잔디를 씹고 있어서 또 한참 웃었다.

가만 보면 웃을 일이 참 많다. 부모님은 예순이

되어가고 나는 서른이 되어가다 보니 우리에겐 뭔가 체념이랄까 각오랄까, 그런 게 생긴 것도 같다. 우리는 앞으로도 계속 교회 지하에서 살 것이고, 아마 월세를 감당하지 못해 연내에 500킬로미터 정도 남하가 불가피할 것이고, 물론 호의호식 같은 것도 어려울 것이다. 그런 우리가 살아남는 방법은 이렇게 사소한 것에 잔뜩 웃는 거라는 사실을 받아들이게 된 것도 같다. 다행히 길을 가다 보면 뚱순이도 있고 몰티우저도 있고 펄펄 날뛰며 바보라고 구박받는 슈나우저도 있다. 웃을 준비는 되어 있다.

귀엽거나
무섭거나

우리 형편에 서울 살기는 무리고 몇 년 내에 500킬로미터 남하가 불가피하네, 어쩌네 하는 소리를 엄마에게 했다가 "그럼, 제주도 가서 살 돈은 있냐"라며 면박을 당했다. 방향을 급선회해서 "그러면 450킬로, 아니 400킬로" 하며 얼버무리려 애썼지만 때는 늦었다. 어쨌거나 새 식구로 합류한 반려조, 아니 반품 전문조 앵무새가 남하에 대한 내 집념을 더욱 부채질했다. 한 달 아르바이트 월급이 고스란히 제 몸값으로 나갔는데도 주인 대접은커녕 꽥꽥 하며 아무나 물어대서 "너 또 반품한다" 하고 협박해봤지만 새는 끄덕도 없다. '7개월 거친 삶 동안 그 정도야 흔하게 겪어서 무섭지도 않다, 반품할 테면 반품해봐.' 뭐, 이런 표정으로 꽥꽥대기만 한다. 부럽게도 녀석의 팔자는 우리 집에 살고 있는 여섯 개체 중 가장

유복하다. 우리는 단칸방에서 다 함께 살지만 녀석은
새장이 있으니 유일하게 제 방을 가진데다 내키는 대로
날다가 놀다가 먹다가 졸리면 잔다. 정말이지 새 팔자가
상팔자다.

　　큰맘 먹고 산 앵무새에게 피가 날 만큼 물리는
수모를 자꾸 겪었더니 '다음에는 말 잘 듣는 새를
살 테다' 하고 이를 갈면서 남하하면 꼭 거위를
기르겠다고 굳게 결심했다. 거위는 개만큼 영리하고
주인에게 충성스럽다. 무엇보다 분한 것은 나를
물어대는 저 앵무새를 살 돈이면 농장을 차릴 만큼
거위를 데려올 수 있다는 것이다. 새가 꽥꽥댈수록
남하의 꿈만 야무져가서 거위를 산 다음에는
부리가 새까매서 깜찍한 오골계 병아리도 몇 마리
사고, 흑염소도 한 마리 사고 어쩌고, 마음속
농장의 동물만 늘리고 있다. 〈꼬마돼지 베이브〉의
작가가 동물농장을 차렸다가 순식간에 망했는데,
동물들에게 죄다 이름을 붙여주는 바람에 한 마리도
도살할 수 없었기 때문이었다고 한다. 아마 내 망상

속 농장도 딱 '그짝'이 날 것이다.

어쨌거나 "내가 남하하는 날 넌 찬밥이다, 내 귀걸이나 뜯으며 놀지 말고 빨리 말이라도 해서 모이 값 하는 게 좋을걸" 하고 새를 협박해보지만, 어김없이 돌아오는 건 '웃기지 마!'라는 듯 "꽥!" 하는 대답뿐이다. 그래도 귀여운 데 장사 없어서 우리는 모두 앵무새의 종노릇을 하는 중이다. 정말이지 귀엽다는 건 이렇게나 무시무시한 권력이다. 저토록 횡포를 부려도 누군가는 모이를 가져다 바치고 비위를 맞추니 세상에 이토록 강고한 권력이 또 있을까. 나도 하루빨리 귀여워지는 연습 좀 해야겠다고.

개도 사람도
'바둑이'가 좋아

"어떤 종류의 개를 가장 좋아하세요?"라는
질문을 가끔 받는데 딱히 할 말이 없다. 늘 주워온 개만
길렀고 일단 개는 다 귀여운데다가 종자 없는 개일수록
더 귀엽다는 신조가 워낙 투철해서다. 그래도 굳이
대답하자면 '바둑이' 종이 가장 좋다. 흔히 '잡종견'을
생각하면 되는데, 보통 애완견 정도 크기지만 다리가
짧고 탄탄하며 얼룩덜룩한 점까지 있으면 일석이조다.
특별히 예쁠 것도 없는 그 바둑이들을 요즘은 거의
찾아볼 수 없다.

'원조' 바둑이들은 성격부터 남다르다. 종자
있는 애완견들은 '내가 당연히 귀여워 죽겠지?'
하는 식으로 달려들지만 원조 바둑이들은 아무리
귀엽다고 치켜세워도 무척 조심스럽다. 눈빛에
의심이 진하게 담겨 있다. '세상에 귀여운 개들

천지인데' 하는 눈빛으로 아주 천천히, 살금살금
다가온다. 한국인은 특히 혈통 있는 개를 좋아한다.
그런데 영국 왕실에서 키워 유명해진 '웰시 코기'
종은 유독 한국에서만 인기가 없다. 이 개의
얼룩무늬가 유독 '잡종스러워서' 그렇다고 한다.
유기견과 유기묘를 동시에 키우는 내 친구는
'개똥이' 스타일의 강아지를 보면 사족을 못 쓴다.
영화 〈트와일라잇〉에 나오는 늑대소년 같은 충직하고
덩치 좋고 주둥이와 발이 시커먼, 이른바 '똥개'
스타일의 개를 좋아하는 것이다.

 그런데 희한한 것은 친구나 나나 둘 다 좋아하는
남자 스타일도 비슷하다는 점이다. 이를테면 나는
다른 여자들이 잘 거들떠보지 않는, 그리 예쁘지
않지만 내 눈에는 귀여워 보이는 수줍은 '바둑남'을
좋아하고, 친구는 좀 촌스러워도 우직하고 착한
'개똥남'을 좋아한다. 하지만 남자는 개와 달라서
자꾸 예쁘다고 했다간 종자 있는 애완견 행세하기
일쑤요, 개똥이들은 자꾸 멋있다고 하면 셰퍼드라도

되는 줄 알고 뒤통수를 때린다. 그래서 바둑이에게
한번 학을 떼고 나면 제 주제를 잘 알 것 같은
똑똑이를 찾게 된다. 물론 그러다 결국 바둑이에게
돌아오지만.

친구는 개똥이한테 당한 다음 촐랑이에게
갔다가 결국 자신이 개똥이를 잊지 못한다는 걸 알고
몇 년째 번민 중이다.

그런데 고양이 좋아하는 남자들도 그런 게
있을까? 샴고양이 스타일이 좋았다가 페르시안
스타일이 좋았다가…. 어쨌거나, 가장 큰 애로사항은
얌전한 바둑남은 진짜 바둑이와 달리 늘 나를

무서워한다는 것이다. 아니, 저는 정말 바둑님이
좋았던 것뿐인데요.

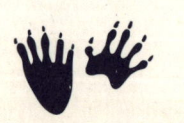

깃털 달린
고양이 새끼

　　　　　내가 한 달 급료를 다 털어 새를 산 걸
아는 친구가 늘 "새 잘 있냐"고 전화해 묻곤 한다.
그런데 그 전화를 받느라 휴대전화를 집어 든 손가락이
상처투성이다. 제 맘에 조금만 안 들면 피가 철철
나도록 꽉꽉 무는데, 일단 뭐가 마음에 들고 안 드는지
알 수가 없다. 내가 보기에 새가 누구를 쪼는 건 그냥
기분 내키는 대로 하는 '랜덤'이다.
　그 무시무시한 모습은 히치콕 영화 〈새〉에
가까우면 가까웠지, 마트의 금붕어 어항 위에
진열되어 있을 무렵 멀리서부터 깍깍거리며
반가워하고, 새장이 살짝 열리면 내 쪽으로 폴폴
날아오던 그 새와는 하나도 닮은 게 없었다. 어디서
알이 바뀐 게 아니냐고 따지고 싶을 정도였다.
친구에게 "괜히 샀어" 하고 말했더니 "왜?" 해서

"난 깃털 달린 강아지를 원했다고. 그런데 이건 깃털 달린 고양이 새끼야, 고양이 새끼. 아무 데나 기어오르고 가고 싶은 데로만 가고 요만큼 뭐라 해도 곧바로 폭투하고 내킬 때만 살살 왔다가 또 이내 날아가버려" 하고 하소연했다. 고양이를 네 마리 키우는 그 친구는 "진짜 깃털 달린 고양이네" 하며 평소 그 점 때문에 고양이를 그다지 좋아하지 않았던 내 꼴을 고소해했다.

나는 새가 나 없이 못 살아주었으면 했다. 늘 개를 주워오다가 돈 내고 사오니 더 그랬다. 그 돈이 큰돈이니 더 그랬다. 돈만큼 나를 더 따라줘야 하는데 그게 아니니까 바로 서운한 그것이야말로 간장 종지만도 못한 내 그릇이다. 나와 달리 그릇이 큰 이 새는 다른 노래에는 아무 관심이 없지만 노동가에는 즉시 반응한다. 특히 "투쟁, 투쟁!" 하고 외치는 부분을 좋아해서 늘 꽥꽥거리고 날갯짓을 했다. 갑자기 마음이 숙연해지면서 "너도 대형 마트 출신이지? 거기서 7개월을 살다 두 번이나 반품을 당하면서 자연스럽게 저항하는 마음을 갖게 된 거구나" 하고 내가 새 대신 새 마음을 주절주절 말하다보니 돈 들인 만큼, 노력 들인 만큼, 사랑한 만큼 그가 나를 사랑해주기를 바란 적이 한두 번이 아니었다는 걸 알았다. 사랑은 애를 써서 되는 게 아닌데 애써서 사랑받으려 할 때마다 늘 상처받고 결국 상대방을 비난하고야 만다. 그런 생각을 하니 서글프고 부끄러워져서 사과를 얇게 잘라 새에게 먹였다. 새는 사각사각 소리를 내며 잘도 먹었다. 옳지, 투쟁, 투쟁!

삶의 사소한
잔펀치들

팔다리가 제자리에 붙어 있으면
문제없다고 보는 관점에서는 배부른 소리겠지만, 영
기분 좋지 않은 여름이었다. 비정규직에게 여름휴가
따위 어디 있느냐고 지레 포기하고 있다가 같이 일하는
사람들은 모두 다녀온 걸 알게 되거나, 이만 원, 삼만
원씩 사소한 돈을 떼먹고 달아나는 사람이 일고여덟
명 있는데 포기하기엔 너무 여러 명이고 죽어라
쫓아다니기엔 여러 모로 애매하다거나…. 원래 거대한
불행이야 소설이나 영화 속에나 있고, 이런 사소한 잽을
견뎌내는 것이야말로 어른이라는 걸 알고야 있었지만
공력이 부족해서 번번이 비틀거렸다. 그중에서도 제일
크게 비틀거린 것은 새가 아프고 개가 아픈 일이었다.

지하 방이 갈수록 눅눅해져 개 두 마리가
곰팡이성 피부염에 걸렸지만 그 뒤에 일어난 일에

비하면 이 정도는 약과였다. 새가 자꾸 눈을 희미하게
뜨고 비틀거리다가 급기야 횃대에서 자꾸 툭툭
떨어지는 바람에 기겁해서 동물병원에 데려갔다.
병아리만 한 몸에 주사를 두 방이나 놓은 의사는
설사도 설사지만 목숨을 장담할 수 없다고 했다.
사실 도시에 살면서 보는 새라곤 죽어도 안 죽을
것 같은 비둘기들뿐이었다. 걔들은 뭘 먹다가
피하지 못해 차에 깔렸을 때가 아니면 영원히 살
것 같아서 '새처럼 연약한'이라는 말은 그냥 책에
나오는 말인가보다 했다. 그런데 이번에 실감하고
말았다. 이토록 연약한 생물을 귀엽다고 덜컥 사서
고생을 자초하는가 싶어 스스로가 한심스러웠다가
새가 나았을 때는 올해의 각종 불행을 보상받은 듯
행복했다.

 그런데 곧이어 개가 쓰러졌다. 뚱뚱한 갈색 푸들
올리가 4.1킬로그램에서 순식간에 2.7킬로그램까지
반절로 줄어들었다. 당뇨병이었다. 병원에 입원해
치료를 받는 동안 상태가 많이 호전되었고, 집에서

매일 인슐린 주사를 맞으면서 며칠 보내니 체중도 어느 정도 회복했다. 당뇨병은 완치되지 않지만 더 진행되지 않게 할 수 있으니 잘 돌봐주라는 게 의사의 지시였다.

일하고 돌아와 올리를 데리고 나갔다. 햇살이 뜨거웠다. 올리는 아주 느리게 걸었다. 눈물이 턱까지 흘렀다가 바닥에 똑똑 떨어졌다.

어쩔 수 없이 오는 것들, 삶의 사소한 잔편치들, 우리는 그걸 피할 수는 없지만 훈련할 수는 있다. 어차피 일어날 일들은 일어나겠지만 내가 할 수 있는 건 그걸 늦추는 것, 그거면 족하다. 그렇게 남들 다 아는 걸 배우면서 여름이 지나갔다.

고독하게
혹은 독하게

 올해 목표는 '좀더 고독하게'였다. 술 마시고 사고를 치면서 여러 사람 못살게 구는, 이런 짓들이 너무 지겨워서 좀더 고독하게, 외로워서 했던 온갖 짓들을 집어치우고 그냥 아예 고독하게, 어차피 그 이상 벌 재간도 없지만 딱 밥 먹고 살 만큼만 벌면서 살자는 거였다. 그래도 입에 풀칠은 해야 되니까 일을 하긴 했는데, 해 뜨는 시간에 일하고 싶어서 녹즙을 배달한 지 8개월이 넘었다. 중간중간 낮에는 다른 일도 하면서 어쨌든 겨울, 봄, 여름, 가을을 지나 다시 겨울이 되었으니, 사흘 일하고 그만둘 거라는 지사장님의 예상은 뛰어넘은 셈이다.

 오늘 아침에는 누가 녹즙 싣는 손수레를 훔쳐갔다. 화가 나기보다 참담했다. 오토바이를 도둑맞았을 때도 그랬다. 그렇게까지 열심히

훔쳐가봐야 대단히 남는 물건도 아닌데 참 독하게들
훔쳐간다 싶었다. 누가 '거지끼리 동냥자루 찢는
꼴'이라 했던가. 없는 놈들끼리 이렇게 서로 털고
있는 것이다. 하긴 이게 맞는 것일 수도 있다. 나는
고독하게 살겠다 마음먹었는데 세상의 정답은 '그냥
독하게 살아야 한다'인지도 모른다. 다른 상표의
녹즙 배달 여사님이 내 전임자 얘기를 꺼낸다.
손님 놓고 경쟁하다가 어느 날 내 전임자에게 대뜸
'꼴에 영업한다고…'로 시작하는 문자 폭탄을
맞았다는 것이다. 그러면서 "독한 여자 같으니" 하며
황당해했다.

    정치 얘기를 할 때면 고래고래 잘 떠들지만
일상생활에서는 지극히 소심한 나는 움찔 놀란다.
하긴 그 전임자는 나에게 여기는 전쟁터라고
강조했고 겁에 질린 나는 패잔병 꼴로 일했다. 뭐,
패잔병 꼴이라도 일을 그만둘 수는 없었다. 내
입에 풀칠은 둘째치고 올리가 당뇨를 앓고 있으니.
돌이켜보면 길에 버려진 그 녀석을 처음 주워올

때 나는 달라졌어야 했다. '고독하게'에서 한 글자 떼어내고 '독하게' 사는 쪽을 택해야 했던 것이다. 외롭다고 술 마시고 아무하고나 연애하고 그런 게 아니라 독하게 자기관리, 자기계발, 뭐, 그런 거 하면서 야무지게 살려면 외롭다거나 하는 약한 생각 말고 남의 오토바이든 손수레든 다 훔쳐버리겠다, 이런 각오로 살아야 했던 거였다.

그렇지만 독하게 사는 것도 아무나 하나. 몇 번을 다시 돌아간다 한들 나는 번듯해지지 못할 것이다. 독하게는 살지 못하고 고독하게 살 것이다. 결국 약값 대려면 손수레 없이 굳세게 일하는 수밖에 없다고, 개를 안고 마냥 그 생각만 한다. 춥다.

똥개들의 천적, 신자유주의

G20이랍시고 서울 삼성동 고양이들을 쥐약 놓아 다 죽이는 건 아닐까 하는 걱정을 뜬금없이 하다가 문득 도둑고양이는 있어도 도둑개는 없고 길고양이는 있어도 길개는 없다는 생각이 들었다. 고양이가 개보다 거리에서 잘 살아남는 것은 사람이라는 종자의 속성을 알기에 가까이 하지 않는 지혜를 지녀서 그럴 것이다. 개들은 정말이지 바보다. 어지간히 당하지 않는 한 항상 꼬리를 흔들며 다시 다가가는 바보. 그 바보스러움 때문에 이토록 개를 사랑할 수밖에 없지만, 그것은 신자유주의에는 도무지 맞지 않는 미덕이다.

신자유주의는 특히 똥개들의 천적이다. 푸들이나 요크셔 말고 종자가 불분명한 개가 옛날에는 그토록 흔하더니 이제는 서울특별시에

특별하지 않은 개들은 눈에 불을 켜고 찾아봐도 없다. 특별히 박멸 계획을 세우지 않았는데도 서울특별시에서 똥개는 멸종된 것이다. 개체의 경쟁력을 강조하고, 이 사회에는 선택의 자유가 있으니 자기계발을 통해 그 자유와 특권을 획득하라고 외치는 신자유주의 안에서 애초에 잡종으로 타고난 것들은 도무지 설 곳이 없다. 이 안에서는 당연히 개도 소비재가 되었기에 옆에 데리고 다니는 것만으로도 내가 누구인지 말해주는 폼 나는 개를 키워야 하는 것이다.

    몇 년 전 텔레비전 프로그램에 나와 유명해진 '상근이'. 그레이트 피레네는 어지간히 훈련을 안 시키면 상근이처럼 점잖지 않기 때문에 숱하게 버려졌다. 잘나가는 어떤 연예인이 키운다는 특이한 종자의 개가 알려지면 다들 "얼마냐, 어디서 살 수 있냐" 하는데, 동물학대방지연합 같은 곳에서 새 주인을 애타게 찾는 종자 좋은 멍멍이들은 키워만 준다면 공짜건만 싫어 펄펄 속이 탄다.

그나마 위로가 되는 건 동네 재래시장 할머니가
키우는 횐둥이다. 늙고 뚱뚱하고 못생기고 건방진데다
족보도 없는 이 횐둥이는 할머니가 시장에 나갈 때
손수레에 올라앉아 함께 가고, 저녁에는 같이 퇴근한다.
날씨가 추워지면 할머니는 온돌바닥에 앉은 횐둥이
등에 담요를 둘러준 다음 난로를 켜주고, 여름에는
느티나무 아래에 앉아 친구들과 이야기하면서
부채질도 해준다. 횐둥이는 공작부인처럼 오만하게
앉아 있는데, 종자가 좋은 개였으면 얄미웠을 것 같지만
그래도 횐둥이를 보면 웃지 않을 수 없다. 녀석아, 난로
뜨뜻하냐?

비정규 멍멍이 이야기

　　안 그래도 마음이 뒤숭숭한데 연평도에 난데없는 포격이 있었다. 젊은 병사들이 숨지고 다친 것만도 안타까운데, 울산 비정규직 투쟁은 어쩌나 싶어 마음이 갑갑했다. 날은 더 추워질 텐데 딱히 밥 얻어먹을 곳 없는 비정규 고양이, 비정규 강아지들은 또 어쩌나. 길에서 헤매는 걸 거둔 다음 새 주인을 얼른 찾게 해주려고 그냥 "검둥아" 하고 불렀던 검정 푸들은 4년 동안이나 함께 산 비정규 장기근속 멍멍이다. 올해 검둥이 사주가 '꽃피는 해'였는지 새 주인을 만나 지난여름 비행기 타고 제주도 휴가까지 다녀왔다고 하니, 우리 검둥이 정규직 채용도 되고 출세도 했다.

　　검둥이는 내가 '비정규 골목'에 살 때 오래 같이 지냈다. 비정규 골목이라 함은 언제 철거될지 몰라서 싸게 내놓은 집이 다닥다닥 붙은 산동네에

건축법이고 뭐고 사정없이 위반하며 옥탑 위에 또 옥탑이 시루떡처럼 쌓여 있던, 내가 살던 자취방 골목을 말한다. 검둥이는 시끄럽게 짖거나 보채거나 하는 개가 아니어서 돌보기 편했는데, 내가 보는 앞에서는 언제나 유쾌한 얼굴을 하고 점잖게 앉아 있었으므로 나는 녀석이 짖지 않는다고 굳게 믿었다. 회사를 마치고 언덕을 기어올라 문을 열면 검둥이는 혀를 내밀고 문 앞에 앉아 있었다. 그러면 나는 개의 등을 두드리며 맥주를 마시다가 잠이 들었다. 괴롭고도 평화로운 나날이었다.

어느 날 옆집 사는 아저씨가 문을 쾅쾅 두들겼다. 개가 시끄러우니 조용히 시키라는 거였다. 그날도 회사 대리와 한바탕 한 터라 '누구든 제발 덤벼라' 이런 상태였던 탓도 있고, 개가 평소 짖지 않는다고 생각해서 증거를 대라며 같이 고래고래 고함을 질렀다. 아저씨가 당장 개를 '처리'하라고 소리치는 바람에 검둥이를 붙잡아 아저씨 코앞에 내밀며 "그럼, 개를 당장 목 졸라 죽이라는 거냐"고

따졌다. 그때 그가 갑자기 손을 내밀었다. 드디어 몸소 검둥이를 '처리'하고 그다음에는 나도 '처리'할 셈인가 싶어 깜짝 놀랐는데, 아저씨는 검둥이를 어색하게 쓱쓱 쓰다듬더니 "아가씨, 그렇게 화내지 말아요, 나도 개 좋아해요. 그냥 밤에 잠을 못 자면 일을 못해서…" 하더니 돌아서서 갔다. 나는 멍하니 서 있었고 검둥이는 혀를 내밀고 있었다.

알고 보니 검둥이는 내가 맥주를 사러 갈 때면 번번이 격렬하게 짖었던 것이다. 현장을 잡고 펄펄 뛰는 아저씨 앞에 나는 연신 이마가 땅에 닿도록 절을 했는데, 그때도 검둥이는 혀를 내밀고 꼬리를 흔들었다. 그게 정규직 강아지가 된 비결이었다. 아, 나도 진작 이런 식으로 살았어야 했다.

리영희 선생의
'워리' 이야기

선생님, 선생님. 부르다보니 또 주책없이
눈물이 난다. 우리를 죄다 울린 시대의 지성 리영희
선생 이야기다. 생전에 〈리영희 프리즘〉에 실을 인터뷰
때문에 찾아뵐 기회가 있었는데, 워낙 반듯하신 분이라
울고불고했다가는 대놓고 인상을 찌푸리실 게 뻔해서
그러지 말아야지 했는데 자꾸 울고 싶었다.

시대의 은사, 당대의 지성 따위 여러 수식어가
있지만 리영희 선생은 개를 참 좋아하는 분이기도
했다. 집안 대대로 개를 좋아했다고 한다. 선생의
할아버지도 함경도에서 서울까지 강을 헤엄치기까지
하면서 따라온, 래시 뺨치는 개를 기르셨단다.

리영희 선생께도 '워리'라는 잘생긴 개가
있었는데, 감옥살이가 지긋지긋해서 뭐가 됐든
일신을 구속하는 짓 비슷한 것을 워낙 싫어해

묶어놓지 않고 제 맘대로 드나들게끔 풀어 키웠다. 그런데 공장에서 자꾸 부품을 도둑맞아 고심하던 친척이 개를 달라고 하기에 내주었다고 한다. 부인은 워리가 차를 타고 사라질 때까지 내내 이쪽을 보던 그 눈망울이 잊히지 않는다고 했다.

그런데 워리는 그 눈망울로 유심히 길을 외워둔 모양이었다. 며칠 뒤 공장을 운영하는 친척집에서 연락이 와 도대체 개에게 얼마나 좋은 것을 먹였느냐, 매일 고깃국이라도 준 거냐고 묻기에 그냥 남은 반찬이랑 밥을 주었을 뿐이라고 하자, 워리가 단식투쟁 중이라는 것이었다. 그런데 워리는 단식투쟁만 한 게 아니라, 묶여 있는 줄을 어찌어찌 풀고 탈출까지 감행했다. 한밤중에 대문 긁는 소리가 계속 들려서 누가 장난치나 싶어 나가보니 워리가 꼬리를 흔들며 서 있었다. 당시는 지금처럼 아스팔트로 포장된 길도 아니었을 텐데, 연탄재로 뒤덮인 꼬불꼬불 험한 길을 용케 찾아왔던 것이다. 그 이야기를 들려주시며 선생은 살아 있는 모든 존재는 무릇 자유를 갈망하기 마련이라 워리 역시 묶여 있는 게 싫어 자유를 찾은 게 틀림없다고 하셨다.

아마 하늘에서 워리는 분명 꼬리를 흔들며 선생님을 마중 나왔을 것이다. 선생은 묶이지도 않고 대문도 잠기지 않은 곳에서, 육신을 구속하던 병의 고통에서도 해방되어 이제야 만났다고 꼬리치는 워리를 쓰다듬어주셨을 것이다. 할 수만 있다면 병실에서 드시고 싶다고 하셨지만 건강상 드시지 못한 바삭하게 지진 베이컨에 스크램블에그, 거기에 시원한 맥주 한 컵을 워리 등에 실어 천국에 퀵서비스로 보내고만 싶다.

사람이 개보다 나은 게 뭔데?

집 잃은 개 네다섯 마리를 끌어안고 살 때 간혹 비꼬는 투로 이렇게 물어보는 사람들이 있었다. "개가 사람보다 좋아요?" '개한테 들일 돈 있으면 어려운 사람이나 도와줄 것이지' 뭐, 이런 건데, 이 사람들은 개 키우는 여자는 죄다 패리스 힐튼인 줄 안다. 쓸데없이 남아도는 돈으로 개에게 온갖 호사를 시켜준다고 여기는 것인데, 나를 스쳐간 그 수많은 개들 중 호사를 누린 녀석은 한 마리도 없었다. 물론 돈이 있다면 그렇게 해주었겠지만, 먹고살기도 힘든데 개를 호사시킬 능력이 있을 리 만무했다. 나는 그들을 애완한 적도 없고 근사하게 반려라고 생각한 적도 없다. 우리는 그저 같이 살아 있을 따름이었다. 식구였다.

우리는 형편 되는 대로 대강대강 살았다. 내가 1000원 더 싼 중국산 콩두부를 사먹으면서 '이게

다 중국 사람들한테는 국산이야' 할 때 개들도 그냥 제일 싼 사료 먹으면서 살았다. 예방접종을 꼭 시켜야 할 때가 되면 동전 던지기 따위를 해서 대표로 한 마리만 맞힐 때도 흔했다. 대단히 잘해주지는 못했지만 '그래도 길에서 보신탕용으로 잡혀가거나 얼어 죽거나 차에 치여 죽는 것보다는 낫지' 하는 식으로 우리는 대강 살았고 대체로 건강했다. 그래서 '개에게 잘해줄 정성이 있으면 그 정성을 사람에게 쏟으라'고 훈계를 늘어놓는 사람을 만나도 항상 나는 '별로 그렇게 잘해준 게 없는데' 싶어 그냥 멀뚱한 편이다.

    게다가 특별히 개보다 사람에게 잘해줘야 할 이유가 있는지 나는 아직도 도통 모르겠다. 사람이 개보다 중하냐고 물으면 덜 중할 건 뭐냐 싶다. 사람이 꽃보다 아름답다는 노래를 들으면 꽃을 모욕하지 말라며 화가 나는 못된 성질 때문인지 모르겠지만, 다만 인간이 지금까지 지구에서 제일 강한 종족으로 살아오면서 동물에게 한 온갖 못된 짓을 떠올리면 동물에게 좀더 잘해줘야 할 필요가 있다고 번번이 생각한다. 택시에 치여 앞다리가 잘려나간 모란이, 누가 쏜 엽총 탄이 척추에 박혀 하반신이 완전히 마비되었지만 앞다리로 몸을 끌고 다니며 씩씩하게 컹컹거리던 로렌초를 생각하면 더 그렇다. 개들은 사람처럼 나에게 뭔가 가르치려 들지 않았다. 하지만 훨씬 더 많은 것을 가르쳤다. 개들은 세계 평화에 도움이 된다. 고양이처럼 도도한 매력은 없지만, 그렇게 사람에게 치이고도 또 사람을 믿고 어리석게 다시 사랑하는 근성을 사람도 배울 수 있다면 우리 모두는 조금 덜 괴물이 될 것이다.

구제불능
개 사랑

그 복싱 도장에 등록할 생각은 추호도 없었다. 그런데 같이 사는 언니가 다니는 그 도장에 잠깐 들렀다가 동글동글한 머리를 한 비숑 프리제 '봉자'가 꼬리를 살랑살랑 흔드는 것을 보고 홀딱 반해버렸다. 몇날 며칠을 앓다가 결국 '운동은 뭘 하든 하기로 한 거니까' 하면서 결국 등록했다. 나와는 맞지 않는 운동인 걸 옛날부터 알았으면서도 다시 복싱에 도전하게 됐다. 글러브처럼 봉실봉실한 머리를 한 봉자, 그 봉자가 너무 예뻐서….

아빠
1

서른이 되자마자 아빠가 돌아가셨다.
그 30년 중 10년은 아빠 없이 죽고 못 살 지경이었고,
또 10년은 아빠가 죽이고 싶을 만큼 미웠으며,
마지막 10년은 어색한 화해와 긍휼과 짜증이 뒤섞인
기간이었다. 그나마 개들이 아니었다면 마지막
10년간의 어색한 화해나 아빠 사후에 쳐들어오곤 했던
용역깡패에 대처하는 게 불가능했을 것이다. 아빠는

전형적인 나쁜 아빠의 표상처럼 술을 마시거나 바람을
피우거나 도박을 하진 않았다. 그는 목사였으니까. 술을
마신 건 나였다. 아빠가 원하는 착한 딸이 되지 못하는
게 괴로웠고, 일찍 돈 버는 게 고달파서 하루 일을
마치면 김치나 단무지를 곁들여 소주를 마셨고, 잎새에
이는 바람에도 나는 해롱거렸다.

아빠는 너무나 순진해서 다단계 사기에

걸려들었다. 집에는 카드빚과 쓸데없는 자석요와
나의 울화가 천장까지 닿도록 쌓였다. 대학에 다닐
때는 고학을 하면서 가끔 집에 푼돈을 건네느라
바쁘게 지내기도 했지만, 졸업 뒤 시나리오 작가로
살겠다는 꿈에 부풀어 있었기에 버틸 수 있었다.
그러나 그 꿈은 순식간에 짜게 식었고 나는 한
중소기업에 들어가 매달 집으로 돈을 보내야 했다.
울화가 부글부글 끓었지만 어떻게든 일을 해야 했던
나는 멍멍이들로 아빠에게 복수했다. 아빠에게
돈은 없었지만 시간과 체력은 있었다. 한창 유기견이
들끓던 시절 우리 집에는 집 없는 개 다섯 마리가
설치고 다녔다. 아마 서른 마리 정도 우리 집을 거쳐
갔을 것이다. 똥오줌을 멀쩡하게 가리고 팔다리가 다
달린 개만 있었던 건 아니다. 앞다리가 잘린 모란이,
산탄총을 맞아 하반신이 마비된 로렌초 같은 녀석도
있었으니까. 모란이는 그나마 절뚝거리며 걸을 수
있었지만, 로렌초는 하루에 두 번씩 대변을 짜낸 뒤
기저귀를 갈아주어야 했다. 물론 경제활동을 한다는

핑계로 그 일은 아빠 몫이었다.

목사인 아빠가 운영하는 작은 교회에서는 사례금이 전혀 나오지 않았다. 매달 끙끙대며 집으로 돈을 보내는 나를 볼 때마다 친구들은 돈 부치는 건 이제 그만두라고, 부모님도 나가서 일하게 하라고, 네 인생을 위해 살라고 입이 닳도록 말했지만 나는 이미 알고 있었다. 사도 바울도 먹고살기 위해 천막을 쳤으니 아빠도 나가서 경비 일이라도 배우라고 열변을 토해도 꼼짝하지 않았던 아빠가 절대 움직이지 않을 것을.

못돼먹은 나는 아빠에게 멍멍이 관리를 맡기는 것으로 복수했던 것이다. 아빠에게 돈을 보내는 것은 마치 노임을 지급하는 것과 같았다. 프란치스코, 로렌초, 히스클리프, 루이 필립, 마리 앙투아네트(주운 개가 구질구질할수록 이름을 거창하게 지어주어야 한다는 것이 내 주의다)를 돌보는 대가를…. 이 일로 아빠와 나는 최후의 10년을 평화롭게 보낼 수 있었다. 아빠는 그 사실을 전혀 모르고 돌아가신 것 같지만. 모르는 게 약이라는 건 이럴 때 써먹는 말이지 싶다. 나중에는 토할 만큼 일해 모은 수천만 원의 전세금마저 아빠의 실수로 바람처럼 날아간 적도 있다. 내가 그때 쿨할 수 있었던 건 아빠 임금을 계산해보니 그 정도는 받을 만하다는 생각이 들어서다.

우리 집을 거쳐 다른 집으로 입양된 수많은 유기견들, 고 녀석들은 한때 나를 '마귀'라 불렀던 아빠와 나 사이에 귀여운 개 발자국을 내며 우리 사이를 원망도 빚진 것도 없이 공평하게 만들어주었다. 아빠가 들으면 틀림없이 개소리라고 하겠지. 멍멍.

아빠
2

　　아빠가 반은 비자발적으로, 반은 자발적으로 화폐경제에서 소외된 지 10년이 넘어 제발 무슨 일이라도 하시라고 이야기할 때마다 15년째 개척교회 목사인 아빠는 크게 역정을 내곤 했다. "나는 레위인이야! 열두 지파 중 하나님의 일을 하기 위해 선택된 레위인은 다른 직업을 가져서는 안 돼!" 물론 나도 황당해서 같이 소리쳤다. "레위인은 무슨, 아빠가 이스라엘 국적이에요? 아빠는 그냥 김녕 김씨잖아요!" "어쨌거나 나는 레위인이야!" "그러니까 아빠 국적은 대한민국이라니까! 본적이 경북 영양인데 레위인은 무슨! 팔레스타인에나 가 봐요!"

　　이런 허망한 논쟁을 늘어놓자면 끝도 없지만, 결국 아빠는 계속 레위인으로 살았고 나는 좋아하는 개를 주워오는 것으로 응수했다. 어차피 길 잃은 개를 주워오면 집에 제일 오래 머무는 사람이 수발을 들기 마련이니.

상담 칼럼으로 유명했던 앤 랜더스는 세상에서 제일 흔한 거짓말 중 하나로 "엄마, 개는 아무 문제가 안 될 거예요. 제가 다 돌보겠다니까요"를 들었는데 나는 그런 입에 발린 소리도 안 했다. 아빠는 이를 갈며 개똥을 치웠다. 그렇게라도 아빠가 노동하는 모습을 봐야 속이 시원했다.

개 오줌 묻은 신문지를 치운 뒤 늙은 푸들과 함께 앉아 야구 중계를 보던 아빠, 내가 이명박을 찍지 말라고 발목 잡고 늘어졌더니 이인제를 찍어서 나를 두 번 열통 터지게 한 아빠…. 한번은 그 아빠가 갑자기 서글퍼 보여서 아프로 가발(둥근 곱슬머리 가발로 풍선처럼 커다랗게 부풀렸다)을 장난삼아 씌워드렸더니 아빠가 푸들 틈에서 마이크 잡고 노래 부르는 시늉을 했다. "어, 아빠 밥 말리 같아." "밥 말리가 누구야?" "음… 훌륭한 사람." 인터넷에서 밥 말리를 검색해보고 그의 외모가 맘에 들었는지

아빠는 자신을 레위인이 아니라 '김밥말리'라고
부르곤 했다. 개도 귀엽고 아빠도 귀여웠다. 어쩌다
놀라면 "깜놀!"이라고 외쳤던 아빠. 아빠가
귀여워졌던 걸 보면 개들도 아빠도 나도 나이를
먹어가는 거였다. 우리 김밥말리….

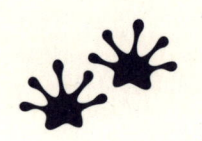

아빠
3

    아빠가 돌아가신 뒤 일주일 만에 아빠가 가장 사랑했던 개가 숨을 거두었다. 10년 전 자취방 근처에 버려진 푸들을 주워 올리라는 이름을 붙여주었다. 아빠가 병으로 고생하셨을 때 올리 역시 고령으로 인한 당뇨병을 앓고 있었다. 우리 집 형편을 잘 아는 수의사는 병원에 자주 오지 않아도 되도록 싼값에 주사기와 인슐린을 내주었다. 아빠가 급성 간암으로 입원하신 뒤 올리를 돌보는 건 내 몫이었다. 반쯤은 긴장해서, 반쯤은 금주의 영향으로 손을 덜덜 떨면서 인슐린병에 주사기를 꽂다 보면, 내 꼴이 브루클린 어딘가의 마약중독자 같았다. 그렇게 아빠의 죽음을 기다렸다. 그것은 하루하루 망치로 모루를 때리듯 엄중하게 다가왔고 결국 아빠는 세상을 떠났다.

    아빠는 아무 말 없이 서서히 숨을 거두었지만

아빠가 예뻐하던 올리는 비명을 여러 번 지르더니 숨이 멎었다. 불과 몇 주 만에 흘려야 할 눈물이 너무 많았다. 법대로 한다면 개의 사체는 종량제 쓰레기봉투에 넣어 버려야 하지만, 10년 넘게 함께 산 생명을 그리 할 수는 있는 사람이 몇이나 될까. 지금이었다면 그렇게 묻지 않았을 것이다. 당시 반려견을 화장하려면 50만 원이 필요했다. 한 사람과 한 개의 약값을 대느라 내겐 5만 원도 없었다.

    나는 개를 가방에 넣어 어깨에 둘러메고는 아빠가 생전 눈 치울 때 쓰던 삽을 꺼내 하염없이 걸었다. 가족을 불법 매립하기 위해서. 아빠도 눈을 감지 못했는데 올리 역시 불투명한 갈색 눈을 반짝 뜬 채였다. 가까운 한강 다리 근처까지 걸어가는데 뻣뻣해진 개가 어찌나 무겁고 햇살은 따갑던지…. 적당히 야트막한 언덕을 찾아 개를 한 쪽에 내려놓고 땅을 파기 시작했다.

    남자들이 군대에서 삽질한 이야기를 많이 하기에 삽질은 누구나 할 수 있는 것인 줄 알았다.

한 시간을 파도 손에는 물집만 잡혔을 뿐 구덩이는 생겨나지 않았다. 그제야 눈삽과 야전삽의 차이를 이해했다. 막대만 달랑 달린 눈삽으로 무슨 땅을 판단 말인가. 흙이 비에 쓸려 올리가 허옇게 드러나게 할 순 없으니, 있는 힘을 다해 다시 땅을 파고 나무뿌리를 뽑았다. 얼굴과 손은 거지꼴이었지만 그런 데 신경 쓸 틈이 없었다. 두 시간 만에 적당한 크기의 구멍이 만들어졌다. 입고 있던 점퍼를 벗어 올리에게 두르고 그 안에 눕혔다. 그리고 나는 훌륭한 야전삽으로 다시 개를 묻는 일이 없기를 간절히 빌었다. 혼신의 힘을 다해 판 구덩이에 누운 올리는 평온해 보였다.

아뿔싸! 혼신의 힘을 다해 땅을 파는 데 집중하다 보니 점퍼 주머니에 아이폰 넣어둔 걸 잊고 말았다. 아이폰을 꺼내겠다고 죽은 개가 누운 자리를 파헤칠 힘도 배짱도 없었다. 수입은 하나도 없으면서 생전에 아이폰이 갖고 싶다고 노래를 부르시던 아빠 생각이 났다. 아빠, 아이폰 여기 있어요. 올리가 가져다드릴 거예요. 아빠, 카톡 할게요….

개는 새 아이폰과 함께 묻혔다. 폰이야 아까웠지만 카톡이 내세로 이어질 것만 같은 기분이 기묘한 위로가 되었다. 그리고 저문 강에 삽을 버렸다. 녹초가 된 채 흙 묻은 손으로 얼굴을 비비며 생각했다. 다시는 군대에서 삽질한 남자들의 이야기를 비웃지 않으리라. 한 삽 한 삽 떴던 이야기를 지극히 존중하며 들으리라. 삽질이 이렇게 힘든지 그전에는 미처 몰랐어요!

그 뒤 나는 남자들의 삽질 이야기를 진중히 들어주었다. 말없이 듣는 내가 성격 좋다고 생각한 이들도 있었겠지만, 나는 그저 '삽질'이라는 말만 들으면 어깨 통증이 어제처럼 생생하게 느껴져서, 내가 묻은 뻣뻣한 작은 개를 떠올리지 않을 수 없어서, 그래서 울지 않으려고 입을 다무는 것뿐이다.

나를 잡아줘,
샛별이처럼

오래 아팠다. 이비인후과 종합선물세트 갑상선염, 췌장염, 위염과 식도염까지. 프랑스 속담에 나오듯 불행은 결코 혼자 오지 않는 모양이었다. 덕분에 한 달간 집 밖에 나가본 게 서너 번밖에 없을 정도로 침대에 접착제로 붙인 듯 딱 붙어 있었다. 겨우 일어나 걸음을 옮길 수 있었던 날, 분명 마지막으로 나왔을 때는 겨울이었는데 순식간에 봄으로 뛰어넘어간 바깥 공기에 잠깐 정신이 아찔했다. 아직 다리에 힘이 들어가지 않아 비틀거리며 겨우 애인을 만나러 갔다. 그렇다, 애인이다.

천안으로 이사와 거의 일 년 반 동안 방구석에만 처박혀 있다가 작년 말에야 겨우 팟캐스트 때문에 밖으로 얼굴을 내밀었으니 꽤나 외로웠을 법도 한데, 그 허한 마음을 달래준 게 이 애인이다. 사람이 아닌 것이 조금 아쉽지만, 사랑하는 마음이야 진실이다.

어느 날 골목길을 지나다가 활짝 열린 대문 안 마당의 개집에 고양이 한 마리가 기다란 목줄에 묶인 채 얌전히 앉아 늘어지게 하품하는 게 보였다. 개냐 고양이냐 할 때 호오가 확실히 갈리는데 나는 확실히 '개' 파다. 그렇지만 얼굴이 양파처럼 둥근 고양이를 보면 사족을 못 쓴다. 거기에 통통하고 벌꿀 색깔이면 완전히 취향을 직격한다. 이 고양이는 벌꿀색은 아니었지만, 나를 향해 "야아아옹" 하고 울었다. 그 순간 나도 모르게 남의 집 마당으로 살금살금 들어가고 말았다. 고양이는 배를 만지면 죄다 화를 내는데, 요 녀석은 머리를 쓰다듬어주자 발랑 뒤집어져 배를 내밀고는 빨리 만져달라고 가르랑거렸다. "아유, 야옹이 예쁘지" 하며 얼굴을 보니 눈이 깜짝 놀랄 만큼 어여쁜 비취색이었다.

그 뒤 녀석에게 홀딱 반한 나는 이 집 앞을 지날 때마다 수시로 주거침입을 감행해 야옹이와 밀회하곤 했다. 어찌나 다정한지, 가뭄에 마른

땅처럼 쩍쩍 갈라진 내 마음에 '야옹야옹' 소리가 봄비처럼 촉촉하게 스미는 듯했다. 그렇게 우리가 점점 더 친해지면서 야옹이는 볕 드는 자리에 실눈을 뜨고 앉아 있다가도 내가 지나면 눈을 반짝 하면서 동그랗게 뜨곤 했다. 그날도 대문간에서 힐끔힐끔 야옹이를 찾고 있는데 등 뒤에서 웬 목소리가 들려왔다.

"왜, 고양이가 없어?"

마침내 만난 집주인 할머니였다. 무단 침입을 하려다 걸린 나는 제 발이 저려 어쩔 줄을 몰랐다. 할머니는 무심하게 빨랫감을 들고 지나가면서 턱짓으로 가리켰다.

"저 뒤에 있응게, 가봐. 고양이가 귀엽지?"

"네!" 하고 소리치고 따라 들어간 나는 고양이의 이름이 궁금했다. 할머니가 알려준 고양이 이름은 샛별이. 여고생인 손녀가 평소 할머니가 심심하겠다며 새끼 때 얻어다 준 고양이였다.

그 이후 우리는 어르신의 허락 아래 당당히

교제를 시작했는데, 점점 애틋해지면서 샛별이는 내가 가려고 하면 번개같이 달려들어 내 다리를 와락 부둥켜안았다. 그 모습이 귀엽고 깜찍했지만 청승맞게 가슴이 뭉클했다. 지금까지 누가 이렇게 간절히 나를 붙들어준 적이 한 번이라도 있었던가.

도로 주저앉아 머리를 쓰다듬어주자 샛별이는 붙들고 있던 내 다리를 풀어주었지만 여전히 앞발 하나를 얹어 내 신발을 꼭 잡고 있었다. 아, 누가 이렇게 나를 잡아준 적이 있었던가. 이렇게 짠하게 잡아주기만 하면 뭐든 다 견딜 수 있을 것만 같은데.

해가 지고 어둑어둑해졌지만 나는 이 비췃색 눈동자를 가진 오동통한 고양이를 떠날 수 없었다. 풀벌레가 밤을 맞아 찍찍 울 때까지 나는 샛별이와 함께 앉아 있었다.

고마운 녀석. 결국 누구라도 나를 잡아주는구나. 그게 너구나. 제발 조금만 더 나를 붙들어주렴.

노블레스 오블리주견,
루이 필립

내 1세대 개들은 모두 죽었다. 1세대라 함은 본격적으로 개를 데려오기 시작하던 10여 년 전을 말한다. 그때는 다리가 불편하거나 하반신이 마비된, 이른바 많이 다친 개들이 많았다. 2000년대 초반 태생들이니까 지금은 다른 곳으로 입양 간 녀석들도 많이들 세상을 떠났을 것이다. 사실 유기견은 나이를 정확히 알 수 없다. 의사가 대강 치아 등을 보고 얘는 몇 살쯤 됐겠다, 하면 그게 녀석의 나이가 되는 것이다. 제일 귀여울 때 실컷 즐기다가 조금씩 미워지는 성견이 되면 내다버리니 대체로 서너 살 된 유기견이 가장 많았다. 당시는 지금처럼 유기견에 관한 캠페인이 없어서 사람들이 쉽게 개를 버리던 시절이었다.

내 1세대 개 가운데 소식을 알고 있는 녀석은 루이 필립이 유일하다. 루이 필립, 이 거창한 이름은 아마 그때 읽던 프랑스 역사책에서 대강 따와 붙인 이름이었을 것이다. 예쁠 것 없는 개나 돈 드는 병을 앓는 개가 주로 버려지는데, 루이 필립은 전자였다. 동물보호소에서는 넘치는 유기동물 때문에 보호 후 일정 기간이 지나면 안락사하는데(지금은 열흘이면 안락사시킨다), 루이 필립은 안락사 직전 정을 주체하지 못한 내가 집어온 개였다. 목숨을 겨우 건진 루이 필립은 체구가 작은 몰티즈였는데 희한하게도 3등신이었다. 수컷인데도 동네 아줌마처럼 쾌활해서 다른 멍멍이들과도 허물없이 잘 지냈다. 얼마 뒤 다행히 루이 필립은 친구의 오빠 집으로 입양되었다.

그의 서글서글한 성격은 새로운 집에 가서 빛을 발했다. 루이 필립이 딱한 부분은 성대 수술이 되어 있다는 거였다. 신기하게도 몇 년 뒤 열심히 짖는 연습을 한 루이 필립은 작게나마 소리를 낼 수 있었다. 루이가 "멍멍" 소리를 내려고 지독히도 애쓰던 모습이 늘 딱했던 나는 무척 기뻤다.

루이 필립은 평화의 대사처럼 어린아이를

때리는 시늉이라도 하면 소리가 잘 나지 않는 목으로 무섭게 짖으며 달려들었다고 한다. 가벼운 언쟁마저도 참지 못하고 분주하게 중재하고 다녔다는 녀석은 텔레비전에 나오는 총질을 하거나 싸우는 장면까지도 견디지 못했다. 그래서 친구의 오빠는 액션영화를 보고 싶어도 루이 필립이 질색하는 바람에 결국 다른 걸 봐야 하는 신세가 될 수밖에 없었다고 한다. 나는 지금도 믿지 않지만, 오빠의 주장으로는 텔레비전에 폭력 장면이 나올 때면 루이 필립이 늘 리모컨을 앞발로 눌러 채널을 바꾸었다고 한다.

나이가 들어 거친 숨을 몰아쉬면서도 조카들이 놀러 오면 지치지 않고 놀이 상대 겸 보호자 노릇을 했다는 루이 필립은 자다가 숨을 거두었다. 나름 호상이었다고 생각해 나는 울지 않았다. 녀석에게 프랑스 왕족의 이름을 붙여준 건 어울리는 선택이었던 것이다. 3등신의 웃기는 생김새를 가졌지만 그 누구보다 고귀한 성정을 보여준

개였으니까. 목소리도 나오지 않는 조그마한 몸에
그토록 고귀한 정신이 깃들어 있었으리라고 우리는
아무도 상상하지 못했다.

    루이의 죽음을 알린 친구가 내 어깨에 기대
울었을 때 나는 친구의 어깨를 감싸며 말했다.
"우리가 언젠가 천국에 갈 수 있다면 루이가 마중
나올 거야. 천국에 갈 자격이 있는 개라면 그런
개니까. 구름처럼 복슬복슬하고 흰 털을 하고
있으니까 한참을 둘러봐야 하겠지. 하지만 이제는
짖을 수 있으니까 분명히 루이는 짖으면서 달려올
거야. 프랑스 왕족 같은 자태를 하고 말이지"

당신의 반려견은
어떤 성격?

동물은 금붕어(싫어하는 게 아니라 무서워한다) 빼고 다 좋아한다. 특별히 개를 좋아하는 유전자가 DNA에 각인돼 있다거나 하진 않다. 시골 출신의 아빠는 생전에 개를 음식으로 생각했던 것 같고, 엄마는 개를 좋아하되 귀여워하기보다는 살짝 놀려주는 걸 즐기는 장난꾸러기였다. 나로 말하자면 어렸을 때부터 어떻게 생긴 개든, 냄새가 나든 말든 일단 보기만 하면 껴안고 뒹구는 걸 좋아했다.

상수동 당인리발전소 인근 고물상에는 꽃순이라는 이름의 열 살 된, 아무리 좋게 말해도 성격이 온순하다거나 예쁘다고 할 수 없는 얼룩개가 있었다. 일 년에 한 번 미용을 시키는데, 그게 꽃순이가 일 년에 한 번 몸에 물칠하는 날이다. 안 씻기로 어디 가서 꿀린 적 없는 나를 무릎 꿇린 주제에 성격은 여왕님이라 "손" 하면 일단 한 번은 주는데, 두 번 시키면 그때부터 사나워진다. 손등이 찢어져 피를 질질 흘리면서도 꽃순이가 하는 짓이 웃겨서 실실 웃으며 "꽃순아, 아이 이쁘다, 이쁘다" 하며 성질을 받아주고 있었더니 참다못한 친구가 내 목덜미를 붙잡고 질질 끌며 소리쳤다. 물론 꽃순이가 아니라 나에게. "야, 이 미친×아! 저게 뭐가 예뻐!" 그래도 예쁘니 어쩌란 말인가.

흔히 개를 좋아하는 사람들은 맹목적인 충성에 혹한 바보스러운 사람들로 그려지고, 고양이 애호가들은 마크 트웨인이나 존 레논처럼 명민하고도 감성적이면서 서로 거리를 지킬 줄 아는 섬세한 사람들로 표현되는 경우가 많다. 그럼에도 나는 영원한 '개파'일 수밖에 없을 것인데, 그건 내가 어떤 개에게 목숨을 빚져 아직까지 살아 있기 때문이다.

개도 성격이 있다. 이를테면 촐랑이, 먹보, 못된 녀석, 그리고 치유개다. 혈액형처럼 대강 네 종류로 나눈 개인적 분류다. 꽃순이 같은 경우는 조금 강도가 약한 '못된 녀석'이었다. 먼저 촐랑이들은 꼬리를 하루 종일 흔들면서 발이 땅에 붙어 있을 틈 없이 촐랑대는 녀석들이다. 요 녀석들은 옆집 아줌마를 보면 아줌마 봐서 즐겁고, 밥 주면 밥 줘서 즐겁고, 낮잠 자면 낮잠 자서 즐겁고, 산책 가면 산책 가서 즐겁다. 세상에 슬픈 일이 없는 녀석들이다.

먹보는 말 그대로 먹돌이, 먹순이들이다. 촐랑이들도 먹는 걸 좋아하지만 먹을 것과 주인과 빈 캔 모두에 균등하게 촐랑거린다. 장난감이나 주인을 보면 기뻐하긴 하지만 일단 먹는 것에 최우선으로 목숨을 건다면 그 녀석은 분명 먹보다. 성골 먹보들은 이 세상 어디에도 관심 없다가 먹는 것만 보면 눈을 번쩍 뜬다. 키우면서 제일 허망한 종류도 이 녀석들인데, 사실 그건 먹보들의 잘못이 아니라 먹을 걸 줄 때마다 환장하는 그 모습에서 동족혐오를 생생하게 느끼기 때문이다.

못된 녀석들은 그냥 못된 녀석들이다.

1980~1990년대 초반 인기를 끌었던 요크셔테리어 품종은 원래 못된 녀석들은 아닌데 그놈의 인기 때문에 숱한 근친교배로 성격을 버려 못된 녀석 취급을 받아버렸다. 못된 녀석들은 간식을 줘도 으르렁거린다. 무는 것은 기본이다. 모든 사람을 싫어하고 다른 개도 마찬가지다. 어린아이들에게 특히 못되게 굴어 개 공포증을 유발시킨다.

 마지막으로 제일 드문 개가 치유개다. 거짓말 같지만 '함께 있기만 해도 마음이 치유되는 개'다. 그동안 수백 마리의 개를 봐왔지만 치유개는 세 마리밖에 만나지 못했다. 개가 치유개인지 판별하는 방법은 쉽지 않지만 일단 눈을 맞춰보는 것으로 대략 감별이 가능하다. 대부분의 개는 눈 맞추는 걸 불편해해서 앞다리를 들고 눈을 맞추려 해도 요리조리 고개를 피하는데, 치유개들은 눈을 맞추면 시선을 돌리지 않고 똑바로 그 눈을 쳐다본다. 내가 피할 때까지 언제까지라도 눈을 깊이 들여다본다. 마치 무슨 이야기가 눈에 쓰여 있어 그걸 읽으려는

듯이. 그렇게 물끄러미 바라보고 있는 치유개들의
눈동자는 내 동공을 지나 마음속 깊숙이 들어와서
가장 슬프고 부끄러운 고통까지 읽어버릴 것만 같다.
그리고 나는 실제로 읽힌 적이 있다, 고 믿는다.

너 아니면
울지도 못할 뻔했어

주인 잃은 집은 점점 을씨년스러워진다 하더니 급기야 쥐가 나왔다. 같이 살고 있던 나이 든 푸들이 쥐를 발견했다. "찍찍" 소리를 듣고 징그럽고 무섭다기보다는 일단 깜짝 놀라 꼬리를 잡아채고 보니 작은 쥐였다. 나에게 낚일 정도니 건강하지도 않은 쥐였다. 처음에는 죽었나 보다 싶어 어떻게 처리할지 몰라 변기에 넣고 내릴 셈으로 퐁당 빠뜨렸는데,

아뿔싸, 쥐는 맹렬하게 헤엄치기 시작했다. 얼른 다시 건져냈다.

쥐의 몸통에는 조그만 벌레들이 바글바글했다. 이게 쥐벼룩인가 싶어 갑자기 가여워졌고, 벌레를 잡아주려 했지만 하나하나 잡다 보니 끝이 없었다. 일단 세면대에서 쥐를 씻겼다. 그러곤 조금 전에 찐 작은 고구마를 하나 주었더니 그 고구마보다도 작은

쥐는 눈도 제대로 뜨지 못하면서 앞발로 고구마를 끌어안았다. 추울 것 같아 이불 삼아 두루마리 휴지로 쥐를 둘둘 만 다음 신문지를 꼼꼼하게 깐 종이 상자에 눕혔다. 그러곤 햇볕이 잘 드는 곳에 쥐를 두었다. 키울 생각이야 없었지만 길에 버릴 수도, 변기에 내릴 수도 없어서 일단 상자에 둔 것인데, 한나절 뒤에 보니 쥐는 뻣뻣하게 죽어 있었다.

그해 바로 전달 아빠가 돌아가셨다. 아직 오십 대였다. 헬스장 같은 곳에서 신체 나이를 재면 삼십 대로 나올 만큼 건강하던 분이 갑자기 암이 발병해 제대로 된 치료도 받지 못하고 하늘나라로 갔다. 배우자 없는 딸 하나밖에 없었으니 남들 보기에는 초라한 장례식이었을 테지만, 나는 너무 울지 않아서 찾아주는 손님들에게 가끔 꾸중을 듣기도 했다. 울고 싶어도 울 틈이 없었다. 아빠가 임종 판정을 받자마자 장례식장은 어디로 할 건지, 화장을 할 건지 매장을 할 건지, 관은 얼마짜리로 맞출 건지 같은 처리해야 할 잡스러운 것들이 너무 많아 슬퍼할 틈이 없었다.

그야말로 '불꽃 네고'의 향연이었다. 살면서 뭔가를 그렇게 깎아본 적이 있을까. "안 사요, 안 해요"를 연발했다. 꽃도 필요 없다, 양초도 필요 없다, 상복도 안 입겠다, 돈을 줄이려고 갖은 애를 쓰다가 급기야는 녹즙 배달 아르바이트를 할 때 쓰던 작은 스쿠터를 타고 집에 가서 아빠가 생전에 입던 양복을 가져왔다. 장례지도사가 한숨을 쉬더니 "목사님이시니까" 하면서 충고해준 거였다.

병원에서 한강 다리를 넘어 집을 오가는 동안 몇 번이나 강에 들이박고 싶었다. 눈물은 나지 않았다. 울기에는 너무 분주했으니까.

발인이 끝나자마자 녹즙 배달을 재개했고, 불평하는 손님들에게는 우리 아빠가 두 번 돌아가시는 일은 없을 테니 걱정 말라며 달랬는데도 결국 몇 명은 거래를 끊었으며, 엄마는 자매들이 있는 대구로 잠시 갔고, 나는 아빠가 사랑하던 개를 묻었다. 빈집에는 나와 늙은 개만 남았다. 그때 쥐가 나타난 거였다.

눈을 감고 빳빳해져 있는 조그만 쥐를 보니
어찌나 가엾던지. 이제 문 닫을 일만 남은 아빠의
교회 화단을 팠다. 워낙 작았던 쥐는 죽으니까 더
작아져서 손가락 한 마디만큼만 파도 충분했다.
조그마한 구덩이에 쥐를 눕혔다. 저승 가서 배고프지
말라고 눈도 뜨지 못한 채 바둥대면서 껴안았던
고구마도 같이 묻어주었다. 혹시 동네 길고양이가
파낼까 싶어 그 위에 묵직한 돌을 얹어두었다.
그러고 나서 쥐가 누웠던 상자를 버리다 말고
갑자기 주저앉아 한참을 울었다. 아빠가 죽었을
때도 울지 않았던 년이. 다 가여웠다. 평생 목회만
하다가 갑자기 죽은 사람도 불쌍하고, 그런 사람하고
결혼해 평생 초라하게 산 엄마도 불쌍하고, 기댈
형제자매 하나 없는 나도 불쌍하고, 뭐 찾아먹을 게
있다고 이런 집구석까지 기어들어왔다가 죽은 쥐도
불쌍하고, 온 세상이 다 가엾은 일 천지였다.

    죽으면 빳빳해진다. 사람도 그렇고 쥐도 그렇다.
흙에서 와 흙으로 간다. 쥐가 아니었다면 울지도 못할

뻔했다. 안녕, 쥐.
    그 뒤로도 매년 연약한 것들은 모두 봄에 떠나갔다. 앞으로 몇 번의 장사를 더 지내야 멈출 수 있을까. 사랑하는 것을, 슬퍼하는 것을….

강아지
산파

집에서 개 기르는 것을 허용하지 않았던 초등학생 때, 이러한 방침에 불만이 많았던 나는 개 도감을 사서 이 개 저 개를 늘 구경했고, 아무리 늙고 못생긴 개라도 눈에 '하트 뿅뿅'이 박힌 채 "아이 이뻐, 강아지야"를 연발하고 다녔다. 그런 나의 지성이 하늘을 움직였는지, 초등학교 5학년 때 이사 간 집에서 개를 기르고 있었다. 조그만 마당이 있는 주택의 2층에 세를 들었는데 주인집에서 암컷 말티즈를 키우고 있었던 것이다.

뿌실뿌실한 하얀 털을 가진 '뽀미'였다. 하지만 원하는 대로 실컷 개를 만져볼 수는 없었는데, 뽀미는 잠깐 외출했다가 임신한 채 돌아온 임산부였다. 내가 먹던 반찬에 고기가 들어 있으면 임산부 줘야 한다며 뽀미에게 가져다주곤 했다. 개의 임신 기간은 고작

두 달이라 어느덧 해산의 때가 다가왔다. 오늘내일 하는데 주인집에서는 잠시 여행을 간다며 우리 집에 뽀미를 맡겨두었다. 좀 조숙하고 만약의 일을 먼저 생각하는 습성이 있던 초딩 시절의 나는 '혹시 뽀미에게 무슨 일이 생기지 않을까' '동물병원에 가서 낳아야 하지 않을까' '저러다 죽으면 어떡하지' 같은 걱정에 싸여 어떻게 하면 무사히 산고를 치를 수 있을지 도서관에서 찾아봤는데, 결론은 내가 의사가 아닌 바에야 도울 길이 막막하다는 거였다.

뽀미의 배는 아주 많이 불러왔고, 어느 일요일 집 골목으로 들어서는데 골목 입구부터 개 짖는 소리, 아니 개의 비명소리가 들려왔다. 나는 집으로 달려갔다. 뽀미의 해산이 시작된 거였다. 일요일에는 부모님이 교회에서 여러 일이 끝날 때까지 집에 돌아오지 않았으므로 나와 뽀미 둘밖에 없었다. 일단 손을 씻고 깨끗한 신문지를 가져다가 1층 현관에 자리를 잡은 뽀미에게 이불 노릇을 하도록 깔아주었다. 앞발을 잡고 "뽀미야, 힘내" 하고 말하면서 마침내 한 마리씩 강아지가 나오는 것을 보고, 피를 계속 신문지로 닦아주었다. 무사히 어미는 태반을 먹어치웠고 강아지들은 젖꼭지를 찾아 매달렸다. 네 마리나 되는 새끼를 낳은 조그만 뽀미는 젖몸살이 와서 아프다고 짖어댔다. 나는 얼른 퉁퉁 부어오른 젖꼭지를 마사지해 젖을 짜낸 다음, 젖꼭지에 매달려 있는 강아지들을 떼어냈다. 강아지를 떼어낼 때 입에서 '뽁' '뽁'하는 소리가 났다.

강아지가 귀여운 것도 모른 채 뽀미의 안위에만 신경이 가 있던 나는 마침내 강아지들이 젖을 빠는 목가적인 풍경을 뽀미와 더불어 이룩하고, 그제야 강아지들이 귀엽다는 생각을 했다. 하지만 뽀미는 무척 지쳐 보였다. 강아지 산파 초딩은 고민을 하다가 동네 슈퍼로 갔다. '산모에게 좋은 게 뭘까, 영양이 있는 음식이겠지' 싶어 있는 돈을 다 털어 달걀 한 개, 우유, 카스테라를 샀다. 개 밥그릇을 깨끗이 씻어 우유를 부은 다음 달걀을 섞어 뽀미에게 가져가자 뽀미는 반쯤 몸을 일으키고는 계란 넣은 우유를 벌컥벌컥 마셨다. 카스테라를 쪼개 우유에 적셔 입에 대어주니 그것 역시 고맙다는 듯 나와 눈을 맞추며 얼른 씹어 먹었다. 현관이 차갑지 않을지는 걱정하지 않아도 되었다. 6월이었다.

우리 가족은 몇 개월 뒤 이사를 가게 되었는데, 해산한 뽀미를 방치한 집주인이 싫었던 나는 부모님을 한참 졸라 납치하다시피 뽀미를 이삿짐 트럭에 태웠다. 강아지들은 이미 집주인이 여기저기 나눠준 뒤였다. 마당 있는 단독주택에 살던 이모에게 뽀미를 맡겼는데, 거기서 뽀미는 두더지를 잡는 활약을 하며 말년을 보냈다. 그 뒤로 '산후조리원' 간판을 보면 발을 동동 구르며 어미 개에게 뭘 해주어야 할지, 뭘 먹여야 할지 얼굴을 한껏 찌푸린 채 고민하던 초등학교 5학년짜리 '개 산파'가 생각나 피식 웃곤 한다. 뽀미야, 그때 우유랑 계란이랑 허겁지겁 먹어줘서 정말 안심되고 기뻤어. 고마워.

개엄마와 냥집사의
DJP 연합

　　고양이가 대세다. 고양이가 기분 나쁘다거나 불길하다는 말은 다 옛말이 되었다. 이젠 아무도 도둑고양이라 부르지 않는다. 반려동물로 고양이를 선택하는 사람도 부쩍 늘었는데, 그들은 고양이를 키운다고 하지 않고 '집사'로서 모시고 산다는 말을 많이 한다.

　　사실 나는 고양이가 그저 그렇다. 마크 트웨인 같은 사람들, 이 살짝 삐뚤어진 고양이 찬미자들은 아무에게나 다가가서 꼬리치고, 혀로 핥고, 앉으라면 앉는 개가 미련해 보여서 싫다고 말한다. 그러는 한편 고양이의 도도함과 독립심을 입에 침이 마르게 찬양해댄다. 그 바람에 말 못하는 개 대신 내가 억울해서 그만 죄 없는 고양이까지 싫어졌다. 어차피 주인이 주는 밥 얻어먹고 사는 거야 고양이나 개나 똑같은데.

그런데 몇 년 전 새벽, 녹즙 배달을 하려고 집을 나서는데 "야옹야옹" 소리가 계속 들렸다. 힘찬 소리가 아니라 힘없이 우는 소리였다. 웬 고양이가 우네, 하면서 둘러봤지만 보이지 않아 배달을 나갔다. 배달을 그만두기로 한 날은 애초 지났는데, 후임으로 온 여사님들이 일이 힘들다며 번번이 관두는 탓에 '요즘 기성세대들 이렇게 나약해서 문제야' 하며 이를 박박 갈던 시절이었다.

배달을 마친 뒤 도서관에 책을 빌리러 나가는데 아직도 "야옹야옹" 소리가 들렸다. "야옹?" 하고 부르자 "야아옹" 하는 소리가 되돌아왔는데 영 힘없는 소리였다. 지금까지 수년 동안 다친 개를 주워온 것만 해도 수십 마리가 넘어서 고양이까지 주워가면 엄마가 나를 가만두지 않을 테니, '제발 내 눈에 띄지 말고 있다가 무사히 네 엄마 찾아가렴' 하고 속으로 빌면서도 그냥 모른 척하기가 그래서 예의상 혹은 도의상 주변을 찬찬히 둘러봤다.

아니, 그런데 이게 웬걸, 차 밑에 지난번
장사지내줬던 새끼 쥐보다 별반 크지도 않은 새끼
고양이가 웅크리고 있었다.

처음에는 소리도 작은데다 하도 조그맣고
꼬리도 실 같아서 '뭐야, 이번에도 또 쥐야? 요즘
쥐가 왜 이리 끓어' 싶었는데 집어 들고 보니
고양이였다. 까만 줄무늬 고양이가 웅크리고 있다가
뛰어내리지도 못하고 오들오들 떨고 있었다. 내
주먹보다 조금 클까, 일단 집어든 고양이를 귀찮다고
버릴 수도 없어서 상자에 잘 넣어 병원에 데려갔다.
좀 굶어서 그렇지 아주 건강한 상태라며 의사
선생님은 몸 이곳저곳에 난 상처 자국을 살폈다.
수고양이들은 영역 싸움을 하기 때문에 어릴 때
밟아놓자는 수컷 특유의 본능으로 아주 어린 수컷일
때 공격하는 경우가 많다며, 그런 어른 수컷들에게
해코지당한 자국 같다고 했다.

병원에서 맡아줄 수 없으니 일단 집에 데리고
오긴 했는데, 나이 든 개는 이게 웬 털 뭉치인가 싶어

쿵쿵 냄새를 맡았다.

대강 씻기고 먹이를 주자 걸신들린 듯 먹는 고양이는 나무젓가락을 반 부러뜨려놓은 것 같은 가느다란 다리로 비칠거리면서도 "야옹야옹" 울어댔다. 잘 먹이고 닦아놨더니 2주일 만에 세 배로 커졌다. 아직도 조그마한 고양이지만 나름 씩씩해서 좋은 가족이 생겼으면 싶어 정을 주지 않으려고 그냥 "고양아, 고양아" 하고 불렀다. 그때마다 마음이 짠했다. 그 고양이는 결국 이름을 얻었다. 가수 김대중 씨가 키우기로 했는데 내가 이건 DJP연합이라 주장하며 이름을 김종필이라고 지어주었다.

"고양아, 고양아" 하고 부를 때 마음이 짠했던 이유는 돌아가신 아빠 생각이 나서다. 생전에 아빠는 길고양이들 밥을 꼭 챙겨주곤 했는데, 틀림없이 이 녀석은 아빠가 돌보던 녀석의 자식이거나 조카이거나 하여튼 친척이거나 뭐, 그랬겠지 싶어 "고양아, 고양아" 부를 때마다 가슴이 아렸다.

아빠가 그토록 챙겨준 밥이 새끼고양이 안에

있을 테니, 아, 이렇게, 생명이란, 어떤 방식으로든 이어지는구나. 그렇구나.

줄리아노

내 삶을 치유해주었지만 지금은 내 곁에 없는 개에 대해 쓰려고 일주일을 아팠다. 모니터 앞에 앉아 깜빡대는 커서를 보기만 해도 눈물이 쏟아졌다. 개가 내 곁을 떠난 지 벌써 여러 해다. 그런데도 가슴속 상처에서는 커다란 망치로 사정없이 짓뭉갠 것처럼 부서진 살과 뼈가 뒤엉켜 진물과 피가 끊임없이 흐른다. 지금도 뭉클뭉클 쏟아지는 선혈을 느낄 수 있다. 시간이 지나도록 그를 잃은 상처가 낫지 않아 개에 대한 글을 쓰려다가 집 뒤 인적 없는 야산으로 미친년처럼 올라갔다. 그러다 가시나무에 다리를 긁혀 "끄윽 끅" 소리 내 울었다. 그 개를 떠올리는 것만으로도 피고름이 쏟아지는 듯했다. "그까짓 개 한 마리"라고 할 수도 있지만 그 개는 나의 전부였으며, 나 자신보다 더 사랑했다.

줄리아노 데 메디치는 내가 처음 구조한 유기견이기도 했다. 읽고 있던 역사책 이름에서 딴, 이탈리아 피렌체의 로렌초 데 메디치의 동생 이름이었다. 누구에게 무슨 짓을 당했는지 다리와 꼬리가 직각으로 부러져 굳어진 채 방치되었던 줄리아노는 은근하고 끈덕진 성격을 지니고 있었다. 그때까지 개를 침대에 들이도록 허락해주지 않았던 엄마를 말간 눈동자로 끙끙대며 올려다봐서 결국 KO시킨 최초의 개이기도 했다. 그리고 내 목숨을 구한 개였다.

    우울증이 역병처럼 창궐하던 십 대 후반, 돈 때문에 치이고 사람 때문에 치여 죽을 용기 말고는 아무것도 남지 않았던 시기다. 부모님이 멀리 출타한 틈을 타 잘 드는 공업용 칼로 손목을 긋고 수면유도제를 한 움큼 삼켜 원하던 대로 의식이 가물가물해졌을 때 자꾸만 귓가에 끙끙거리는 소리가 들렸다. 줄리아노 녀석의 소리였다. "조용히 하렴, 나는 잘 거야"라고 힘겹게 말해도

덕진 성격대로 줄리아노는 계속 얼굴을 핥으면서
끙끙대고 울었다. 조금 뒤 후다닥거리는 소리가
들렸다. 찰박찰박…. '찰박찰박? 이게 무슨 소리야?'

떠지지 않는 눈을 억지로 뜨고 보니
피웅덩이에서 개가 날뛰는 소리였다. 온통 피바다인
방에서 개가 초조하게 왔다 갔다 하며 나를 핥았다가
끙끙대다가 어쩔 줄 몰라했다. 피가 덜 번진 장판
위에도 온 방을 날뛰느라 덩어리진 피가 묻은 개
발자국이 흥건했다. 의식이 가물가물해지는 와중에
개와 눈이 마주쳤다. 줄리아노는 내 얼굴을 계속
핥았다. 개는 다리까지 피에 푹 젖어 있었다. 그때
일어나야겠다고 생각했다. 억지로 몸을 일으키고는
수건으로 팔을 묶고 병원에 가서 위세척을 했다. 푸들
주제에 구조견 노릇을 하다니.

이후로 15년 동안, 광포한 젊음과 좋지 못한
인격으로 내가 고통받을 때면 말간 그 개의 눈에
몇 번이나 구원을 받았는지 모른다. 그러면서 나는
늘 불안했다. '줄리아노가 죽으면 어쩌지? 난 아마

폐인이 될 거야.' 그 예상은 들어맞았다. 하필이면, 내가 태어나서 제일 사랑한 남자가 아주 침착하게 "네가 내 기분을 거슬렸으니까 난 네 개를 죽일 거야"라고 말하며 개를 때려죽였다. 그 착한 개는 마지막 순간까지 꼬리를 흔들며 그 사람에게 갔다.

그 뒤 한동안 아무것도 할 수 없있다. 처음에는 그를 죽이고 나도 죽을 생각이었다. 더는 살고 싶지 않았고, 죽이고 죽을 준비가 충분히 되어 있었다. 마지막 한 발자국을 내딛기 전에 하필 귓가에 들려온 건 주기도문이었다. 태어나기 전 엄마 배 속에서부터 수천, 수만 번을 들어온 그 기도문. 그중에서도 "우리가 우리에게 죄 지은 자를 사하여준 것같이 우리 죄를 사하여 주옵시고"라는 구절이었다. 내가 남들에게 해온 잘못들이 눈앞을 스쳐 지나갔다. 정신적, 육체적으로 타인에게 상처 입힌 것들, 온갖 폭력… '나에게 죄 지은 자를 사하여주지 않으면 내 죄 역시 사함을 얻지 못한단 말입니까? 나는 그 인간을 죽이고 죽을 자격조차 없습니까?'

그랬다. 나는 그 자격조차 없는 인간이었다. 내가 타인에게 지은 죄들이 나를 가로막아서 나는 결국 살인범이 되는 데 실패하고 돌아왔다. 그렇게 줄리아노는 마지막 순간까지 나를 막았다. 그제야 줄리아노가 내가 살기를 바랐다는 사실을 알았다.

    '그런데도 나는 네가 떠난 이후 3분의 2쯤 죽어 있구나. 네가 내 곁을 떠난 지 벌써 몇 년인데도 슬픔은 선연해서 나는 매일 이별하며 살고 있구나. 그래도 살아야겠지. 우리가 서로 바라는 걸 하나도 들어주지 않은 것이 없던 것처럼. 줄리아노야…'

그리운 고양이 친구야,
잘 살고 있니

천안에만 있다가 서울에 가면 눈이 휘황하다. 그래도 아는 데라고 찾아가는 카페가 있다. 상수동 '그문화다방'이다. 그곳에는 사람 나이로 치면 이제 불혹쯤 되는 '김검둥'이라는 검정 래브라도 리트리버가 있다. 김검둥 군이 '초중딩' 시절에는 내가 거칠게 놀아주곤 했다. 다방 주인인 김남균 대표는 내가 거의 혼이 나간 채 검둥이와 놀고 있을 때 가끔 의아하게 보는 사람들에게 웃으며 말하곤 했다. "아, 이분은 우리 검둥이 친구야." 김 대표는 요식업을 창업하려면 꼭 읽어봐야 할 책 《골목사장 생존법》을 출간하고, 작은 가게를 운영하는 월세 사장들의 흔한 골칫거리인 권리금 문제 등에 힘차게 목소리를 내는 분이기도 하다.

검둥이도 이제 나이 '사십'이 되어 점잖아졌고

나도 뼈마디가 쑤시기 시작하자 우리가 언제 그리 거칠게 놀았는지 의심이 됐다. 김 대표는 "푸하하" 하고 웃었다. "아니, 손님 없을 때는 둘이 거의 한몸이 돼서 씨름을 하는지, 레슬링을 하는지 카페 바닥에서 막 뒹구니까, 오죽하면 우리 손님이 아니고 검둥이 친구라고 그랬겠어." '우리 그랬어?' 하는 눈으로 모른 체하는 김검둥을 보니 내가 그랬던 것도 같다. 그땐 그나마 좀 젊었다.

그러고 보니 내게도 그리운 친구가 있다. 개 친구만이 아니라 그때 내게는 동네 고양이 친구도 있었다. 사람을 보면 발라당 드러눕곤 하던 예쁜 삼색 고양이로 연령은 모른다. 이십 대가 끝나는데 오늘도 제대로 된 어른에서 또 하루 멀어져갈 뿐 머물러 있는 청춘이 아니란 건 진작 알았건만 뭘 어쩔 줄 모르던 시절이었다.

자꾸만 원치 않는 결혼을 해서 새끼를 낳는다기에 "왜 뜻에 없는 결혼을 하고 그래" 하며, 내가 루크레치아라고 부르면 고양이는 "야옹"

하고 울며 발목에 기댔다가 발라당 눕곤 했다. 루크레치아는 아버지인 교황과 오빠의 뜻에 따라 시집을 갔다던 이탈리아 여인의 이름에서 따온 거다. 동네에서 어떤 할머니가 기르다 버렸다는 녀석은 얼마나 착하고 예쁜지 집에 데려오고 싶었지만 차마 그러진 못하고 사료만 챙겨줬다. 늦게 돌아오는 날, 다세대주택 주인 할아버지가 문을 잠가 들어가질 못해 초승달을 보고 있노라면 어김없이 "야옹" 하고 루크레치아가 나타나 데구르르 굴렀다. 따뜻한 고양이를 쓰다듬으며 시멘트 바닥에 앉아 있다 보면 속절없이 슬픔이 자꾸 찾아와 억지로 비켜 앉곤 했다.

그해 봄에는 유달리 태어난 게 싫어 견딜 수가 없었다. 생일에는 더했다. 아무도 만나자고 하지 않았고 아무에게도 만나자 하지 않았다. "생일파티 안 해?" 하고 누가 물어서 "응, 해야지" 하며 손님 대접할 음식을 사러 갔다. 친구를 하나 초대해 잘 먹일 생각이었다. 동물병원에 가서 맛있는 특제 캔을 몇 개 사온 뒤 집 앞에 쭈그리고 앉아 "야옹야옹, 어디 있어?" 하고 불렀더니 "야옹야옹" 하고 루크레치아가 나왔다. "오늘은 우리집에 가자." "야옹야옹." 그날은 루크레치아를 초대했다. "오늘은 내 생일이야. 우리 집에 놀러 와." "야옹야옹." 접시에 고양이용 통조림을 열어 차려주자 내 방을 이리저리 살펴보던 루크레치아는 "야옹" 하며 좋아했다. 두 캔을 다 먹는 동안 마음이 조금 나아졌다. '그래도 친구라고 통조림이라도 먹일 수 있잖아. 내년에도 초대할 수 있게 열심히 살아보자. 차린 건 없지만 많이 드세요.' 만족스럽다는 듯 접시를 싹 비우고 목덜미를 갸르릉 하고 울리며 몸을 비비는 내 고양이 친구는 참 착했다.

너무 급하게 이사를 나오느라 '고양이 밥 주는 게 취미인 주인 할아버지가 잘 챙겨주겠지' 하고 인사도 못하고 헤어졌던 친구를 만나러 다음 해에 가봤지만 만나지 못했다.

'고양이 친구야, 네가 내 방에 놀러왔던 봄만큼

나는 여전히 어쩔 줄 모르는 삶을 살고 있는데, 그때처럼 초승달이 뜨면 네 안부가 궁금해서 와락 슬퍼지곤 해. 한 번 더 너를 잘 먹일 수 있다면 얼마나 좋을까. 살면서 누구를 생각할 때 이렇게 잘 살길 간절히 바란 적도 드문 것 같아. 참 예뻤던 고양이 친구야.'

관심종자가
개를 사랑하는 이유

　　　　내가 처음 우울증이라는 반갑지 않은
손님을 대면한 것은 열여덟 살 때였다. 약국을
돌아다니며 사 모은 수면유도제를 먹고 위를 녹이는
통증(혹시 수면제를 이용해 삶을 마감할 생각이 있는 분이라면
그 길을 먼저 간 내 충고를 참조하시라. 결코 자다가 편히
가지 않는다. 약이 당신의 위를 녹이는 생경한 통증을 느끼며
몽롱한 잠에서 깨어날 것이다!)을 느낀 적도 있고, 공업용

칼로 손목을 베어낸 적도 있다. 결국 정신과 치료를
권유받았다. 당시 알고 지내던 저명한 정신과 선생님
덕에 내 형편에는 과분한 각종 검사를 받았다. 결국
내가 앓고 있던 우울증은 누구의 탓도 아니었다.
자라온 환경이 별로였다거나, 내가 특별히 나약해서가
아니라 내 뇌가 화학적으로 균형이 맞지 않아서였다.
　　그 길고 지루한 검사들을 한 덕에 이젠 오래

알고 지낸 지겨운 친구 같은 이 우울증을 두고 누구 탓도 하지 않을 수 있게 되었지만, 그와 별개로 나는 엄청난 거절 공포증을 앓았다. "다정이 병이라면 나는 말기 암이다"라고 자조적으로 한숨을 쉴 정도로 나는 어릴 때부터 병적인 관심종자였다. 하지만 관심종자를 만족시킬 만큼의 충분한 관심은 본디 없는 법이다.

엄마에게 치댈 때마다 나는 종종 "치아라 마" 하는 소리를 듣곤 했는데, 동갑인 이종사촌을 껴안으며 귀여워하는 엄마를 본 세 살 난 나는 입술을 꽉 깨물고 엄마의 옷자락을 끌고 구석으로 갔다. 눈물이 나려고 해서 턱이 덜덜 떨렸지만 꾹 참고 그렁그렁한 눈으로 엄마에게 있는 용기를 다 짜내 생애 최초의 찌질한 질문을 던졌다. "엄마, 저기, 엄마는 ××가 나보다 더 이뻐?" 황당한 듯 나를 쳐다보던 엄마는 코웃음을 쳤다. "그거 물어보려고 여기 불렀냐?" 그럴 리가 있니, 당연히 네가 더 예쁘지, 이런 대꾸를 간절히 원했지만 세상일이 마음대로 될 리가 있나. "그래, ××가 더 예쁘다. 됐나? 내 나간데이! 참 내…." 방에 남겨져 찡찡 울면서 엄마가 돌아와주길 바랐지만 바깥에서는 친척들의 웃음소리만 들렸다. 이후 나는 더욱 관심종자가 되었고, 바깥에서 사랑을 찾다가 나와 남을 연이어 망쳤다.

 돌아보니 개를 특히 사랑하게 된 것은 나를 사랑하느냐고 묻지 않아도 되는 유일한 존재였기 때문이다. 내가 관심을 구걸하지 않아도 그들은 이유 없이 나를 사랑했다. 받을 자격이 없는 애정이었다. 심한 불면증 때문에 겨우 잠든 나를 누군가 깨울라치면 옆에 앉아 있다가 목소리를 낮춰 으르렁거리며 이를 드러내던 녀석부터 유난히 더웠던 여름 땀띠가 날 만큼 꼭 끌어안으면 메트로놈처럼 혀를 헥헥대면서도 버텨주던 녀석까지. 사람들은 흔히 '개 같은 인간'이라는 말로 누군가를 욕하지만 아이러니하게도 그 개들이 그나마 나를 인간의 꼴로 만들어주었다. 그 은혜를 생각해서라도 어찌 그들을 사랑하지 않을 수 있을까.

신의 자비로움을 종종 의심하는 나는 개라는 동물을 볼 때마다 신의 연민을 새삼 믿게 된다. 신이 인간을 불쌍히 여기지 않았다면 아마 개라는 동물을 창조하지 않았을 것이다. 그것 하나는 참, 고맙습니다.

살아 있는 것만으로도 '터프도그'

지금 소개할 개는 다소 특이한 생김새를 지녔다. 얼굴은 일단 미니핀을 떠올리시길. 그렇지만 작고 깜찍한 미니핀이 아니라 몸무게가 8킬로그램에 달할 만큼 건장한 녀석이다. 여느 사냥개에 뒤지지 않는 얼굴이지만 오밀조밀한 이목구비는 그런대로 귀엽다. 하지만 녀석의 어깨는 마치 아널드 슈워제네거를 연상케 하는 근육투성이다. 인간 보디빌더의 승모근처럼 삼각형으로 발달한 탄탄한 어깨는 개의 몸치고는 기괴하게 보인다. 어깨를 받치고 있는 두 앞다리 역시 우람하다. 제 몸에 있는 모든 에너지를 상체에 쏟아부은 듯한 느낌이다. 그런데 우람한 윗등에서 5~6번째 척추를 지나가는 순간 뜨겁던 개의 감촉은 얼음처럼 싸늘해진다. 이 개는 허리 아래부터 가려움도, 아픔도, 누가 쓰다듬는 손길도, 오줌과 똥의 온도나

감촉도 아무것도 느끼지 못한다. 산탄총 파편이 척추를 꿰뚫어 하반신이 마비되어버린 개다.

한계까지 힘을 집중했다는 느낌을 주는 억센 상체로 씩씩하게 나아가면 아주 최소한의 근육과 살만 남은, 갓 태어난 새끼의 다리보다도 약하고 쓸모없어 보이는 뒷다리가 휘청휘청 따라간다. 그 뒷다리는 군신 아폴론을 연상케 하는 당당한 상체에 달려 있는 부위라고는 생각할 수 없을 만큼 초라하다.

그런 무력한 하반신으로 저도 모르게 오줌이나 똥을 줄줄 흘리고 다니기라도 하면 비통하기까지 하다. 임시로라도 보호해줄 집이 없으면 곧 안락사를 당한다는 유기견보호소의 이야기에 나는 죽어도 살겠다는 투지가 느껴지는 이 개의 불타는 눈빛에 압도되어, 또 아직 어린 탓에 그 매혹을 뿌리치지 못하고, 이미 유기견을 두세 마리 돌보고 있었으면서도 이 무거운 개를 대책 없이 끙끙대며 껴안고 집으로 돌아왔다.

내가 가장 먼저 배워야 할 것은 스스로 대소변이

나오는지 알 수조차 없을 만큼 마비된 하반신을
지닌 개를 위해 아기용 기저귀를 사다가 수시로
소변을 봐도 새지 않도록 단단히 여미는 기술이었다.
둘째로 배워야 할 것은 먹이를 준 뒤 척추에서
엉덩이 쪽을 눌러보며 대변의 위치를 찾는 것이었다.
가녀린 기저귀에만 의지하다가는 자칫 바닥이
똥바다가 되기 일쑤였다. 척추를 따라 엉덩이를 훑어
내려가면서 결코 앞으로도 약동할 리 없는 대장 안에
있는 대변을 점점 알아챌 수 있었다. 그러면 단단히
개를 붙잡고 그 부분을 주물러 항문으로 짜냈다.
주운 유기견이 구질구질한 모습일수록 이탈리아
귀족의 거창한 이름을 붙이던 당시 원칙에 따라
'로렌초 데 메디치'라는 새 이름을 주었다.

    간식을 나눠줄 때면 미식축구 선수 같은 어깨를
들이밀며 다른 개들을 밀어붙이곤 했다. 씩씩한 건
좋은데 유독 많이 짖는 바람에 내 애걸복걸에도
불구하고 이웃집의 신고와 구청의 권고로 결국
로렌초는 세 해에 걸친 '임시보호' 끝에 보호소로

돌아갔다. 무력한 자신을 탓하며 이후 소식을 계속 엿본 결과 좋은 분에게 입양된 모양이라 그나마 마음을 놓았다. 임시보호처라도 갈급하다고 해 데려온 것이긴 하지만 왜 끝까지 돌보지도 못할 거면서 데려갔느냐, 라고 누가 내게 묻는다면 그 녀석은 어떻게든 살 것 같았다고, 그렇게 대답할 수밖에 없겠다.

    그 무시무시한 어깨를 가지고 죽어버린 하반신을 질질 끌며 간식이 든 싱크대를 향해 맹렬히 돌진하는 녀석의 모습에서는 치명적인 손상을 입고도 적이 숨은 숲을 향해 정면으로 돌파하는 '시즈탱크'(게임 '스타크래프트'에 등장하는 탱크) 같은 터프함이 느껴졌다. 살 것 같았다. 내가 언제나 가지고 싶었던 그런 터프함이 바로 그것이었기에. 시집도 안 간 여자애가 개 기저귀를 갈면서 그걸 좀 옆에서 배워 갖고자 했는데 그다지 성과를 올리진 못한 것 같다. 그래도 너, 살아서 다행이다. 살아서 고맙다. 하긴 때론 살아 있다는 그 사실 자체가

최고의 터프함의 증거가 되곤 하니까, 나도 네게 아주
헛배운 게 아니기를.

   *향후 소식을 알게 되었는데, 로렌초는 어느
외국인에게 입양되어 그의 나라로 함께 떠났다.
고달픈 삶도 중년을 지나 내가 제공할 수 있었던
'임시보호' 이상의, 마침내 영구동토를 찾은 것이다.

__둥이 이야기__
__1__

　　　　둥이는 나와 가장 최근 인연을 맺은
유기견이다. 아침에 자전거를 타고 딩가딩가 페달을
밟다가 천안 어느 나들목에서 희고 작은 개가
동동거리며 차도를 가로지르는 걸 보고 기겁을 해서
집으로 달랑 안고 왔다. 하도 작고 귀엽고 얌전해서
분명히 누가 잃어버린 개일 거라 여기고 인터넷
커뮤니티에 주인 찾는 글을 올린 것은 물론, 둥이가

발견된 곳 인근의 동물병원을 일일이 찾아다니며 "이 개
모르세요?" 하고 물었지만 수사에 진척이 없어 둥이는
내 개가 되었다. 역대 가내 유기견 순번을 매기자면
20번까지는 안 되고 17번은 확실히 넘어갔을 것이다.
유기견을 데려왔다고 하면 내가 자선을 제공하고
있다는 식의, 그러니까 잠자리와 먹이 같은 은총을
'베풀고' 있다고들 생각하는데, 길개나 길고양이들과의

관계가 그렇게 일방적이지만은 않다. 적어도 둥이와
나는 그랬다.

    사랑하던 개를 잃은 사건에 대해 앞서
이야기했는데, 그 일은 내 육체와 영혼에 큰 상흔을
남겼다. 나는 아직까지도 눈앞에서 일어난 그
처참한 죽음을 극복하지 못했고, 거기서 벗어나기
위해 무진장 노력했지만 허사였다. 나는 일종의
장애인이 된 느낌을 받는다. 말하자면, 영혼에
장애가 생겨서 휠체어나 목발을 사용하지 않고는
도저히 하루하루를 살아낼 수 없는 느낌. 책을
읽거나 글을 쓰는 것처럼 이전에 자주 하던
활동들이 힘겨워졌다. 녹즙 배달을 할 정도로
싸돌아다니던 걸 좋아했으면서 집 밖에 나가기가
무서워 '히키코모리'(은둔형 외톨이)가 되는 바람에
20킬로그램 이상 살이 불어 거울을 보면 이게
누구냐 싶다. 약에 의지하지 않고는 잠들 수가 없고,
의사로부터 외상후스트레스장애 판정을 받았지만
꼬박꼬박 병원에 가는 것 외에는 아무것도 할 수

있는 게 없었다. 그 병원비는 저렴한가. 물론 그것도
아니고.

 그런 와중에 나에게 온 둥이는 희한하게도
내가 키워본 개들 중 가장 손이 가지 않는 개였다.
똥오줌을 화장실 하수구에서 살며시 해결했고,
짖는 것을 한 번도 본 적이 없다(성대수술을 의심했는데
그렇지는 않았다). 간식을 엄청 조르는 주제에 고기처럼
군침 도는 음식과 단둘이 있어도 사람이 주지 않는
한 입에도 안 댔고, 흔하게 개들이 하는 저지레를
하나도 하지 않아 혹시 몸에 유에스비 충전 단자라도
있는 게 아닌가 의심도 했다. 이동용 가방에 넣어
버스나 지하철을 탈 때도 얌전했고, 하도 기척을
안 내 스튜디오에서 팟캐스트 녹음을 하고 있을
때도 개가 있는지 아무도 모를 정도였다. 어떤
친구는 먼젓번 집에서 못되게 굴다가 혹시 쫓겨난
것 아니냐고, 그래서 반성한 다음 누가 데려가주면
얌전하고 착하게 굴겠다고 굳게 결심한 것 같다고
농담을 했다.

슬픔에 잔뜩 짓눌려 있으면서도 버릇처럼
찻길을 헤매는 이 개를 데려온 것은, 둥이에게
든 사료값이나 병원비를 빼고도 남는 일이었다.
스스로의 목줄기를 물어뜯고 싶을 정도로
몸부림치는 네 계절을 보내는 동안 둥이는 내
어리광과 응석을 모두 받아주었다. 환장할 만큼
더웠던 여름밤 내내 에어컨 없는 집에서 밤새 꼭
끌어안고 있어도 둥이는 참았고, 목을 놓아 엉엉
울면 언제까지라도 옆에 있어주었다. 새벽까지 잠을
못 이룬 밤이면 엄마가 둥이를 데려가곤 했는데,
몇 시간 뒤 허둥지둥 침대로 뛰어올라와 내 얼굴을
들여다보면서 걱정이 된다는 듯 끙끙거린 다음
좀처럼 핥지 않는 녀석이 내 얼굴을 몇 번이나 핥곤
했다.

    나는 아직 낫지 않았지만 나을 수 있을
것 같았다. 십 수 년 전 손에 잡히는 약을 모두
털어먹었던 나를 땅에 붙들어주었던 그 개처럼 내가
이 고통을 극복하고 살아남을 수 있다면 그건 둥이의

공일 것이다.

    유기견을 데려오는 것이 꼭 그 개를 위한 일만은 아니다. 장기적으로 볼 때 개를 데려온 사람에게 남는 장사일 수 있다. 그러니 당신 눈에 띈 길개를 부디 거둬주시라. 그 개가 누군가의 영혼을 구할 수도 있다.

둥이 이야기
2

경상도 사람, 전라도 사람, 서울 사람
성격이 다 다른 것처럼 개도 지역별로 성격이 다를까?
충남으로 거처를 옮긴 뒤 주운 유기견 둥이는 성격도
얌전하고 배변 훈련도 잘 되어 있어 화장실에서
단정하게 용변을 보는데, 이 녀석이 재미있는 게 용변을
보려고 폼을 잡고 있을 때 빤히 쳐다보면 어쩔 줄을
몰라 하다가 결국 참고는 나중에 아무도 안 볼 때 싼다.
그게 웃겨서 쉬하러 갈 때 따라가서 빤히 쳐다보곤

했는데 역시나 제자리에서 맴맴 돌기만 한다. 조치원
출신 친구에게 그 이야기를 했더니 배를 잡고 웃으며
이렇게 말한다. "그 개, 완전 충청도 개야." 충청도 개가
뭐냐고 물었지만 친구는 깔깔 웃으며 키우다 보면 알게
될 거라고 했다. 대구에서 나고 서울에서 자란 나는
도무지 충청도 정서를 몰랐지만 친구 말로는 그런 게

충청도다운 거란다.

둥이는 지금까지 키운 개 중에 가장 얌전하다. 성대수술을 받았나 싶을 만큼 조용해서 소시지를 가지고 약을 올리니 다행히 "왕!" 하고 짖어주었다. 인형처럼 얌전하면서도 분주한 이 개를 주인이 버린 건시, 아니면 집을 나온 긴지 궁금했는데, 찬찬히 보니 역시 문제를 가지고 있었다. 밖으로 나와 있어야 할 고환이 뱃속에 있는 잠복고환이었다. 유기견에게는 치료비를 할인해주는 고마운 의사 선생님을 만나 수술을 하고 집으로 데려오자 전신마취에서 깨 졸린 눈을 깜빡이던 둥이가 힘겹게 어디론가 가기 시작했다. 엄마와 나는 저렇게 엄청난 의지로 어디를 가나 싶어 계속 지켜보았다. 둥이는 한 발짝씩 온 힘을 다해 화장실 쪽으로 향했다. 혼신의 힘을 다해 문턱을 넘은 둥이는 소변을 본 뒤 다시 문턱을 넘어와 그 자리에 풀썩 쓰러졌다. 우리는 심하게 감탄했다. 그동안 키웠던 개들은 마취가 덜 풀렸을 때 그 자리에 똥오줌을 지렸고 그게 당연하다고 생각했는데 둥이처럼 자긍심이 강한 개가 있다니.

인형처럼 조용한 녀석의 유일한 단점은 잠이 들면 엄청 시끄럽다는 것이다. 코를 고는 것은 물론이고 액션영화 같은 꿈을 꾸는지 "힉! 히익! 액!" 하는 소리를 내면서 앞발을 번쩍번쩍 쳐들어 안 그래도 불면증을 앓는 내 턱에 어퍼컷을 날렸다. 유난히 잠꼬대가 심한 날이면 오줌을 지리곤 하는데, 그럴 땐 자기가 더 놀라 일어나서는 내 눈을 빤히 쳐다본다. 보나마나 내가 쌌다고 생각하는 것이다. 말하지 않아도 이놈의 의심이 느껴진다. 나는 "야, 네가 싼 거야! 네가 싼 거라고!" 하며 소리치지만 둥이의 표정은 믿는 것 같지 않다.

간도 생기다 말았는지 산책하다가 손바닥만 한 치와와가 다가오면 덜덜 떨면서 달아나버린다. 간혹 냄새 없는 헛방귀를 "포옥" 하고 뀔 때도 있다. 그럴 때면 제 방귀 소리에 놀라 제자리를 뱅그르르 돈다. 그러고는 또 나를 쳐다본다. "인마, 너라고!"

이 녀석의 웃긴 짓을 볼 때마다 충청도 개가 과연 어떤 건지 곰곰이 생각해본다. 뭐랄까, 속을 알 수 없는 것? 표심을 도통 알 수 없는 것? 하여튼 처음 겪어보는 충청도 개는 생각보다 재미있다.

둥이 이야기
3

충청도 생활을 3년이나 했는데도,
충청도 사람들의 미묘한 매력은 잡힐 듯 잡힐 듯
잡히지 않는 그 무엇이다. 평생을 경상도 사람들에게
둘러싸여 자라왔고, 일 때문에 만난 전라도 사람들과
복닥거리면서 살아온 내게 물에 물 탄 듯 술에 술 탄 듯
오래 알아도 알 듯 말 듯한 충청도 사람들은 신기하다
못해 신비했다.

'가셔' '보셔' '쉬셔' '드셔보셔' 같은 반말인지
온말인지 나를 위해주는지 막 대하는지 알 수 없는
말 끊음새부터 경상도처럼 우악스럽지도 않고
전라도처럼 드라마틱한 리듬도 없으면서 조곤조곤
한번 터지면 말 잘하는 충청도 사람들은 자기네
입으로도 "충청도 사람들 의뭉스럽다"고 했다.

"속을 알 수가 없지. 선거 때 봐봐." 하기야

개표할 때 마지막 순간까지 알 수 없는 사람들을 내 주제에 어떻게 이해할 수 있겠는가. 충청도 생활 첫해에 찻길 한복판을 건너던 둥이를 주워들었을 때 둥이의 표정은 이제 보니 그런 얼굴이었다. "누구셔(슈)?" '응가'하러 가는 것을 흥미롭게 쳐다보고 있을 때 둥이의 표성은 이런 거였던 듯도 하다. "일 보는데 뭘 빤히 보고 그러셔(슈)."

    충청도 친구는 이렇게 말했다. "어떤 할아버지가 젊고 예쁜 여자를 빤히 쳐다봐서 할머니가 '그렇게 좋으면 재랑 살아!' 하고 소리친다고 해봐. 그럼 경상도 할아버지는 '큼' 하고 말고, 전라도 할아버지는 '나 간다잉?' 하고, 충청도 할아버지는 이런다고. '아니 재라니. 저 사람(그 여자) 엄연히 으른(어른)이여!' 우린 김종필을 낳은 고장이야. 우릴 믿지 말라고."

    또다른 충청도 친구도 동향 사람들 속을 알 수 없다며 목청을 올렸다. "김대중·노무현 빨갱이라고 그렇게 싫어하는 우리 엄마가 말이야, 안희정이

좋대! '얘, 글쎄 그 사람 옥고도 치렀다며?' 이러는 거야. 그래서 내가 그랬지. '그래요. 엄마가 그렇게 좋아하는 전두환이 보냈죠.'"

작년 여름, 폭염보다 나를 더 지치게 한 것은 한창 기승을 부리는 우울증이었다. 불면증까지 겹쳐 4~5일 동안 한숨도 못 잘 때면 날씨까지 거들어 지옥의 전야제를 보는 듯했다. 그동안 둥이는 개의 습성을 별로 보여주지 않아 엄마와 나를 당황하게 했다. 공 던져주면 멍하니 사람 무안하게 하기, 이리 한번 오라고 엄청나게 빌면 정말 곤란해 죽겠다는 얼굴로 터덜터덜 걸어오기, 산책을 나가면 '닭둘기' 같은 속도로 걷다가 다른 개를 보면 기겁하기, 사람이 나갔다 들어와도 힐끗 쳐다보는 게 끝이고 안아주려고 하면 조금 참다가 끙끙거리며 탈출해 내외하기 등등…. 지금 보니 그 모든 것은 충청도적 시큰둥함의 결정체였던 것이다. 장하다, 둥이! 자고로 개란 먹여 살리는 대가로 귀엽게 굴어야 한다는 내 편협한 생각을 작살낸 충청도의 애견이여!

우울증이 거의 나를 끝낼 뻔한 아침, 며칠째 침대에 누워 잠 못 이룬 몽롱한 의식 속에서 온갖 괴이한 망상이 떠다닐 때 문을 박박 긁는 소리가 들렸다. '콩' 하고 한 번 짖은 적도 없던 둥이가 자기 주장을 하고 있다니 놀랄 노자였다. 엄마가 문을 열어주자 둥이는 웬일로 전속력으로 달려와 침대 위로 뛰어오르더니 내 얼굴을 몇 번이나 확인해보고는 얼굴을 핥고 또 핥았다. '아니, 얘가 왜 이러는 거야, 내가 음독자살이라도 한 줄 알았나' 싶었지만 지금 보니 둥이는 나름 그런 말을 하고 있었던 거였다. 물론 충청도 사투리로. "야야, 괜잖은 겨? 증신(정신) 좀 차려봐, 별일 없는 겨? 살은 겨? 살어야 하는 겨!"

유기견과
옷

개들이 옷 입는 걸 싫어한다는 건 오해다. 아, 돈 주고 데려와서 둥기둥기 큰 녀석들은 옷 입는 것을 싫어하는 것도 같다. 내가 키운 유기견들은 옷을 사오면 비닐에서 부스럭 소리만 나도 귀를 쫑긋 세우며 '옷이다!' 하고 레이더를 날카롭게 갈았다. 심지어 옷을 입히려고 하면, 이건 절대로 거짓말이 아니다, 티셔츠 머리 부분에 제 머리를 집어넣고 다리 부분에 발을 넣어 입히기 편하게 자세를 취하곤 했다. 한동안 유기견

녀석들이 왜 그리 호들갑을 떠는지 고민해봤다. 이유는 간단했다. 옷을 입으면 관심을 주니까. 새 옷을 입으면, 꼬까옷을 입으면 한참 쳐다봐주니까. 돈 주고 사온 녀석들은 옷을 귀찮아한다는데 녀석들은 자다가도 옷을 보면 벌떡 일어났다. 옷을 뭉쳐 던져주면 그곳을 향해 제 놈들도 몸을 던졌다. 지금 그 녀석들은 다들

어디론가 가버렸다. 남겨놓은 옷에 뺨을 대고, 이 옷을
그렇게 좋아했던 녀석들을 생각하면 눈물이 흐른다.
옷 하나로 그렇게 행복해하던 녀석들이 이 땅에서
살았다는 것을 기억하는 사람이 이제는 나밖에 없다.

까메오

왕! 아침마다 커다랗게, 자신이 이 세상의 왕이라는 듯 짖는 개가 있다. 엄마와 단둘이 사는 원룸 관리인 아저씨가 매일 데리고 출근하는 까만 닥스훈트 '까메오' 녀석이다. 우렁찬 소리에 어울리지 않게 핑크색 목걸이를 매고 있는 까메오는 신나게 달리지만 배가 땅에 끌릴 것만 같아 나는 조마조마하다. "까메오, 왔어?" 하면 펄럭펄럭하는 귀가 뒤집어지도록 머리를 들이민다. '요즘 세상이 큰 개한테 얼마나 험한데, 입마개까지 해야 할지도 모르는데….' 아저씨가 목줄도 하지 않아 걱정스럽지만 차마 말을 못 건넸다. 까메오가 아저씨를 따라 워낙 신나게 달리는 걸 보고 저 살아 있다는 신명나는 느낌을 무엇으로 막을 수 있겠냐 싶어서다.

까메오는 가끔 신나면 내가 쓰다듬어주는 것에

만족하지 않는다. 지난번에는 아저씨가 집 계약서를 들고 왔을 때 자기가 앞장섰다. 내키면 저벅저벅 집 안으로까지 들어온다. 오늘도! 우리 집은 이층인데, 까메오는 오늘도 따라 들어왔다. 녀석은 수금을 하러 왔다. 먹을 것을 내놓으라는 것이다. 내가 "엄마, 개 줄 거 없어?" 하니 엄마는 "어디, 까메오 줄 게 뭐 없나?" 하고 돼지고기 구워놓은 걸 가위로 조금 자른다. 그러는 동안 까메오는 오만하게, 레트 버틀러 같은 자태로 서 있다. 돼지고기를 먹고 나서는, 한참 귀여움을 받고 나서는 다시 "왕!" 하고 짖으며 달려나간다. 그 "왕!" 소리가 내게는 이렇게 들린다. "나는 이 세상의 왕이다!"

쓸쓸한 투쟁 현장의
든든한 '연대견'

한동안 콜트·콜텍 농성장을 자주 찾았다.
이미 어느 정도 알려져 있듯 이곳은 우리나라에서
가장 오래된 투쟁 현장이다. 벌써 9년 전, 노동자들에게
어떠한 예고도 없이 정문을 걸어 잠그고 별안간
인도네시아로 공장을 이전, 즉 '날라버린' 이 회사는
"나는 이미 나이 30대에 대대손손 쓸 재산을 다
벌어놓았다"라는 사장의 말처럼 이전하기 전에도
잘나가는 회사였고, 지금도 회계감사 결과가 우수한
우량 기업이다. 이제 50~60대가 된 직원들이
20~30년간 근무하면서 쌓은 기술 노하우가 이러한
발전의 원동력이었음에도 회사는 해고 통보절차 같은
기본적인 근로기준법도 지키지 않고 이들을 내몰았다.

워낙 황당한 해고였으므로 길어야 1~2년
싸우면 공장으로 돌아갈 수 있을 거라 생각했던

노조원들은 당장 살아야 하는 현실에 어쩔 수 없이 하나둘 이탈했다. 누구도 비난할 수 없는 퇴각이었다. 지금은 단 네 사람만 남았다. 생활고로 쌓이는 부채, 가정 불화와 해체…. 큰 희생을 치르면서 버티고 있는 이들에게 법원은 코미디 같은 선고를 내렸다. "미래에 있을지도 모르는 경영 위기를 대비한 해고는 적법하다." 전 세계 기타 시장의 30퍼센트를 차지할 만큼 잘나가는 회사가 혹시 겪을지도 모르는 경영 위기를 대한민국 법원은 이토록 섬세하게 배려했다. 저 논리가 상식이 된다면 부당해고라는 단어 자체가 성립하지 않을 것이다.

 심지어 하루가 멀다 하고 무성하게 막말을 뿌리는 김무성 의원은 강경 노조 때문에 건실한 회사가 문을 닫는 경우가 많다며 뜬금없이 콜트·콜텍 노동조합을 언급했다. 그의 보좌관들이 검색이라도 한 번 했으면 여전히 잘나가는 회사라는 걸 알았겠지만, 쇠파이프 한 번 들어본 적 없는 조합원들은 일터 빼앗긴 것도 억울한데 회사를

망하게 한 강성 노조가 되어버렸다. "파업 한 번
안 해본 노조가 어떻게 강성 노조야." 13일간
항의단식을 하다 쓰러진 콜텍 이인근 지회장의
말이다. 그 전에는 예순 가까운 방종운 지회장이
45일간 단식 후 구급차에 실려갔다. 김무성 의원에게
사과를 요구하며 당사 앞에 비닐천막을 쳐놓고
100일 넘도록 노숙농성을 했지만 돌아오는 건
침묵뿐이었다. 아니, 노골적인 무시에 가까웠다.
'너희는 떠들고 굶고 실려가라, 난 눈 하나 깜짝 안 할
테니까.'

　취재를 위해 겨울바람이 숭숭 들이치는 이
천막을 오가면서, 나는 이제야 농성이라는 것이
'싸움'이 아니라 '견딤'에 가깝다는 것을 알았다.
집회를 하든 선전전을 하든 돌아오는 건 그저
심상한 취급뿐. 그리고 아스팔트 위에 스티로폼 한
장 깔아놓은 천막에 앉아 기다리는 시간, 연대하는
시민들이나 다른 곳에서 투쟁하고 있는 사람들이
방문하지 않는 시간, 언제 찾아올지 모르는 싸움의

끝을 하염없이 기다리는 시간…. 진짜 싸움이란,
견디는 거였다. 특히 모두 집에서 보내는 주말에는
천막이 참 쓸쓸했다.

시간 하나는 많으니 되도록 주말에 오자고
생각한 나는 나만큼이나 시간이 많은 훌륭한
연대세력을 발견했다. 그는 바로 우리집 개 둥이였다.
아무나 잘 따르고 결코 짖지 않는 순한 둥이는
희한하게도 아저씨들을 매우 좋아해서 콜트·콜텍의
연대견으로 적격이었다. 이 사람 저 사람에게
골고루 안기고 찾아오는 방문객을 살뜰히 반기는
둥이를 보고 방종운 지회장님은 살짝 감탄까지
했다. "아니, 얘가 정말로 동지들한테 연대를 정말
잘하네. 연대견이네." 천막에서 데리고 자게 개를
놓고 가라고까지 하시니 둥이가 밥값 하는구나 싶어
장했다.

어느 주말에는 혼자 갔더니 조합원들이
둥이부터 찾았다. "아니 연대견을 왜 안 데려왔어.
연대를 해야지!" 아저씨들은 "투쟁!" 하는 구호에

둥이가 앞발을 들도록 가르치려고 계속 시도했지만
그건 좀 어려울 것 같고, 이 싸움이 끝날 때까지
둥이에게 연대견 노릇은 착실히 시켜볼 생각이다.
둥아, 우리 꼭 새해엔 더 강력히 연대하자!

약한 이들끼리는
서로 얼굴만 봐도 흥겹다

눈에 띄는 대로 유기견을 가져다 키운 지도 15년이 되어간다. 사설 보육원 같은 걸 차렸던 셈이다. 아직도 포털에 끔찍한 동물학대 뉴스가 나오곤 하지만, 그래도 한국의 반려동물 문화랄까, 이런 게 점점 나아지고 있다는 걸 몸으로 느낀다. 사람들이 개를 많이 버리던 시절에는 주워오느라 내 몸이 힘들었는데, 동물등록제가 시행되고 동물학대를 금지하는 법이 제정되면서 여러모로 나아졌다는 것을 버려진 개 숫자가 한결 덜한 거리를 볼 때마다 새삼 느낀다.

그런데 참 웃기는 것은 예나 지금이나 집에 개 키운다고 하면 비꼬는 사람들이 있다는 거다. 우습게도 집 없는 개를 데려다 키운다고 하면 좋은 일 한다고 손이라도 붙잡고 좋아해주는 사람들은 하나같이 여자들인데, "돈 많은가봐. 개도 키우고.

나도 좀 도와줘라" 하는 사람들은 죄다 남자들인 것은 대체 왜일까.

물론 안 그런 남자도 있다. 이들은 하나같이 '남자다운' 남자들이 좀 비웃을 만큼 감수성을 가진 좀 섬세한 사람들이다. 같은 남자끼리 "걔 정말 싸나이야" 하며 서로 추어올리는 이들은 하나같이 내가 집 없는 개 데려다 키우는 걸 왜 이리 아니꼬워하던지 참 신기한 노릇이다. '남혐'으로 치부된다 해도 할 수 없다. 무려 15년간 남자다운 남자들한테서 똑같은 말을 듣다 보면 처음에는 스스로를 이상하게 여기다가 나중에는 그들을 이상하게 여기게 된다.

이들이 집 없는 개 사료비로 충당되는 내 돈으로 자기 술이나 사달라는 이야기만 하는 것은 아니다. 어디가 됐든 "○○ 후원하고 있어요" 하면 "돈 많네. 그 돈으로 나 맛있는 거 사줘" 같은 말을 거르는 법이 없다. 정치 이야기는 그렇게 목이 터지게 하고 싶으면서 내가 당비 내고 있는 건 자기 돈처럼

아까워하는 이유는 또 뭘까. 하다못해 흔해빠진
불우이웃돕기에 동전 몇 개 내는 걸 봐도 "내가
불우이웃이야. 나 좀 도와줘"라고 하는 사람들은
왜 하나같이 '남자다운' 남자들인 걸까. 이런 게
남자다운 이야기인 걸까.

    쓸데없이 길거리 똥개들에게 갈 돈을 싹
다 끌어모아 빈틈없이 제 가정에 투자하는
것이야말로 남자다운 모습이라면 어쩔 수 없지만,
내가 그간 버려진 개들과 함께 살아오고 그들에
대한 남녀노소의 이야기를 들으면서 알게 된 삶의
진실이랄까 슬픔이랄까 하는 건 이렇다. 약한 자를
함부로 비웃고 우습게 여기는 사람들이 결코 약한
자를 돕는 일은 없다는 것. 아프고 약한 이들을
동정하고 주머니 동전이라도 내놓는 이들은 남녀를
불문하고 지금 약하거나, 한때 약했던 사람이라는
것. 약함을 증오하는 강한 이들은 자기 주머니에서
무언가 나오지 않는 것은 물론이고, 내 돈으로 내가
주워온 개에게 줄 사료 사는 것도 마치 자기 돈 쓰는

것처럼 아까워한다는 것.

뭐든 악착같이 편승해 결코 손해 안 보는 사람들이 항상 "돈 많이 들지 않아?" "돈 많나봐?" 하며 번번이 '돈돈돈' 이야기를 제일 먼저 꺼냈다. 그럴 때마다 나는 당신 돈을 강도질해 개 사료 사는 것도 아닌데 왜 난리치느냐고 악을 쓰고 싶었다. 그런 사람들이 이른바 '잘사는' 사람들이란 걸 안 것은 내가 개 버리는 쪽이 아니라 개 줍는 쪽의 사람이 된 지 15년이 지난 뒤였다.

그러니까 나는 어떤 삶의 방식을 처음 개를 주울 때 이미 선택해버린 것이다. 아마 앞으로도 나는 불우이웃인 주제에 불우한 개와 살아가는 사람이 될 것이다. 유기견에게는 진료비를 잠자코 절반이나 깎아주는 동물병원에 다닐 것이다. 가끔 사료값 하라고 돈을 쥐어주는 사람들에게 얼굴 들지 못하고 살 것이다.

늘 이기는, 야무진, 잘난 사람들, 남이 버린 종자도 없는 개를 왜 데려다 키우는지 도대체

이해하지 못하는 사람들이 결코 모르는 것이 있다.
어느 시인이 노래한 것처럼 못난 것들끼리는 서로
얼굴만 봐도 흥겨울 때가 있다. 그런 게 이해 안 가는
사람들은 책상이나 '쾅쾅' 두드리면 된다.

사랑을 모르던 나, 동물에게서 배웠다

십 대 후반, 그러니까 세상이라는 곳에 나와 이제 여기서 발붙이고 살아가는 수밖에 없다는 걸 확실하게 깨달아갈 즈음, 난 도저히 풀 수 없는 퍼즐, 내 힘으로 절대 열 수 없는 문 앞에 선 사람이 된 기분이었다.

이곳에 태어나버렸으니 세상을 살아야 하고, 그러려면 사람들과 함께 살아가야 하는데, 그 사람들과 어떻게 살아야 할지 태어난 지 십 몇 년이 되어도 알 수 없는 것이 슬프고 절망스러웠다. 그 절망의 이유는 어떻게 사랑해야 할지 몰라서다. 어떻게 미워해야 할지는 충분히 알고도 남았다. 태어나서 받은 대로 돌려주기만 하면 되었으니까.

미워하고 증오하고 때리고 상처 주는 것은 차마 배우고 싶지 않았으나 배워버린 것들이었다. 세상에

나와 처음 만난 사람들, 그리고 가장 오래 알고
지낸 사람들과 소통한 방식이 폭력이었다는 것은
이후로도 나를 아주 오래 붙든 덫이 되었다. 아무도
사랑해본 적이 없었기에 나 자신을 사랑한다는 것은
공상과학 같은 꿈이었고, 육친에게서조차 사랑받지
못했다는 자괴감은 자기 자신을 함부로 여기는 데
가속을 붙였다.

    구겨진 신문지 같은 나에게도 애정이란 것이
있다면, 그것을 어딘가에 준 적이 있다면, 그것은
모두 나를 스쳐간 동물들에게서 배운 것이라고
말하고 싶다. 그들이 아니었다면 나는 있는 모습
그대로 무언가를, 누군가를 사랑한다는 것, 조건과
대가 없이 사랑한다는 것을 일평생 알지 못했을
것이다. 애정을 배우는 것은 그렇게도 쉬웠다.
20년 가까이 몰랐던 것들을, 열 마리 넘는 개들이
거리에서 길을 잃거나 버려졌다가 우연히 나를 만나
다른 가정으로 입양되는 동안 자연스럽게 알 수
있었다. 개들은 나에게 더 나은 인간이 되라고 짖지

않았다. 더 비싼 사료를 달라고 한 적도 없다. 비싼 개집이나 마약 방석을 바라지도 않았다. 개들이 원한 건 그저 함께 있어주는 것이었다.

그렇게 숨 쉬듯 쉽게 애정을 배울 수 있었고 자전거 타는 법을 한번 배우면 잘 잊지 않게 되듯 하나의 숙제는 마쳤으나, 내가 배울 게 더 남아 있다는 걸 안 것은 서른을 넘긴 뒤였다. 불의의 사고로, 그것도 너무나 끔찍한 방식으로 내가 가장 사랑한 개를 잃고 난 뒤에 말이다. 나 자신은 물론 내가 가진 그 무엇과도 그 개와 바꿀 수 있었다. 이성적인 사람들은 과도한 애정이라 하겠지만, 애정을 과도하다고 할 자격이 과연 누구에게 있을까.

성서에는 아들 압살롬을 잃은 다윗의 모습을 간략히 묘사한 구절이 있다. "마음이 심히 아파 문 위층으로 올라가서 우니라. 그가 올라갈 때 말하기를 '내 아들 압살롬아, 내 아들 내 아들 압살롬아, 차라리 내가 너를 대신하여 죽었다면, 압살롬 내 아들아 내 아들아' 하였더라."

그것은 지난 시간 동안 한결같았던 내 마음이었다. '내가 너를 대신해 죽었다면.' 이 시간 동안의 목숨은 참 고맙고 황송하지만 내게는 너무 과분하고 버거운 선물 같았다. 왜 네가 죽고 내가 살았는가. 내가 죽고 네가 살지 않고.

애정을 배우기는 너무나 쉬웠다. 정말로 어렵게 배워야 했던 건 고통이었다. 왜 내가 죽지 않고 네가 죽어야 했는지, 왜 내가 그것을 처음부터 끝까지 보고 있어야 했는지, 목숨보다 귀한 것을 잃어버리고도 계속 살아야만 하는 삶이란 게 무엇인지, '그까짓 개새끼'라는 말들 앞에서 내줄 말없이 참고 지나가는 계절 속에 서 있어야 한다는 게 뭔지….

언제까지 문 위층에서 울고 있어야 할지 나는 알지 못한다. 고통이라는 것을 배우게 될 때쯤, 나의 동물애정생활은 아마도 다시 시작될 것이다.

나의 유기동물 애정기

1판 1쇄 펴냄 2025년 10월 01일

지은이 김현진
펴낸이 천경호
종이 페이퍼링크
제작 (주)아트인
펴낸곳 루아크
출판등록 2015년 11월 10일 제2021-000135호
주소 10881 경기도 파주시 회동길 480, 아트팩토리 NJF, B동 233호
전화 031.998.6872
팩스 031.5171.3557
이메일 ruachbook@daum.net

ISBN 979-11-94391-27-2 03810

이 책의 내용을 이용하려면 반드시
저작권자와 루아크의 동의를 받아야 합니다.